LON DON

INSIDER-TIPP
Deine Abkürzung ins Erleben!

Reisen mit MARCO POLO Insider-Tipps

MARCO POLO TOP-HIGHLIGHTS

BUCKINGHAM PALACE 1

Der Balkon ist weltberühmt. Von hier winken die britischen Monarchen dem Volk bei Geburtstagen und Hochzeiten zu.

Tipp: Bei der täglichen Wachablösung am Vormittag gibt's die besten Motive.

➤ S. 39

HOUSES OF PARLIAMENT & BIG BEN 2

Lang ist's her: Die Mutter aller Parlamente tagte 1275 erstmals, und seit 160 Jahren schlägt die Big-Ben-Glocke.

Tipp: Von der Westseite der Westminster Bridge hast du unverbauten Blick; im Abendlicht besonders schön.

➤ S. 36

WESTMINSTER ABBEY 3

Die Krönungs- und Grabkirche der Insel. Alles, was Rang und Namen hatte, wird geehrt, ein Who's who vergangener Jahrhunderte.

➤ S. 37

BRITISH MUSEUM 4

Das Juwel unter den Londoner Museen. Hier brauchst du Jahre, um alle Schätze der Weltkulturen zu entdecken.

➤ S. 45

LONDON EYE 5

So sicher wie in Abrahams Schoß wirst du getragen von den gläsernen Kapseln des höchsten Riesenrads Europas.

Tipp: Morgens vom gegenüberliegenden Ufer am Victoria Embankment kriegst du es am besten ins Bild.

➤ S. 58

ST PAUL'S CATHEDRAL 6

Nicht nur eine Kirche – ein Wiederauferstehungsymbol Londons nach der Brandkatastrophe von 1666 und dem Zweiten Weltkrieg!

Tipp: Von der Millenium Bridge kannst du ungestört fotografieren und wirst nicht vom Verkehr überrollt.

➤ S. 50

TOWER OF LONDON 7

Durch die mächtigen Mauern des Tower wabern 900 Jahre Geschichte und lehren dich zuweilen das Gruseln.

➤ S. 53

TATE MODERN 8

Wo einst Kraftwerkspumpen lärmten, entstand direkt an der Themse der Milleniums-Musentempel für moderne Kunst.

➤ S. 57

HARRODS 9

Berühmt-berüchtigt: Kaufhaus und Touristenattraktion zugleich. Hier kannst du schlemmen, shoppen und dabei viel Geld loswerden.

Tipp: Abends von der gegenüberliegenden Straßenseite, dann wird es angestrahlt und es ist weniger Verkehr.

➤ S. 88

KEW GARDENS 10

Sehnsuchtsort für Botaniker: viktorianische Gewächshäuser, Ziergärten und ein Baumwipfelpfad. Hier zeigt sich der legendäre „grüne Daumen" der Briten.

➤ S. 63

INHALT

BESSER PLANEN MEHR ERLEBEN!

Digitale Extras
go.marcopolo.de/app/lon

⏲	Besuch planen	☂	Bei Regen
€–€€€	Preiskategorien	🌡	Bei Hitze
(*)	Kostenpflichtige Telefonnummer		Low Budget
			Mit Kindern
		⚑	Typisch

(🗺 A2) Herausnehmbare Faltkarte
(🗺 a2) Zusatzkarte auf der Faltkarte
(0) Außerhalb des Faltkartenausschnitts

DAS BESTE ZUERST

Die Millennium Bridge schlägt den Bogen über die Themse zu St Paul's

BEST OF BEI REGEN

SCHÖN, AUCH WENN ES REGNET

KLEINE TEEKUNDE

Noch mal die Schulbank drücken kannst du hier: Samstags um 10 Uhr (mit Voranmeldung) beginnt der Unterricht im Teeladen *Postcard Teas*. Oder lass dich zu den ausgesucht feinen und raren Teesorten beraten.
➤ S. 72

KURIOSITÄTENKABINETT

Skurril und herrlich britisch-verschroben ist das Sammelsurium des *Sir John Soane's Museum*. Der Architekt der Bank of England lebte hier und trug zusammen, was ihm gefiel.
➤ S. 49

EINKAUFSPARADIES

Shopping steht auf deiner To-Do-Liste ganz oben? Dann ist *Westfield* (Foto) die Destination der Wahl: ca. 350 Läden und Lokale rufen nach dir. Mit der U-Bahn kommst du dort (so gut wie) trockenen Fußes an.
➤ S. 89

ALLE ZEHNE!

Statt mit Bier in Kegelclub-Atmosphäre wird im US-Fifties-Ambiente der *All Star Lanes* beim „Boutique Bowling" mit Cocktails angestoßen. Trendy London verpflichtet!
➤ S. 100

GAR NICHT VERSTAUBT

Hier kannst du ins Erdinnere abtauchen, ein Erdbeben miterleben, Dinosauriern und zoologischen Raritäten Aug' in Aug' gegenüberstehen: Das Natural History Museum ist riesig und macht Naturwissenschaft dank moderner Technik äußerst spannend.
➤ S. 33

LONDON SOUND

An den „Horchposten" des Plattenladens *Rough Trade* im East End hörst du dich durch eine gepflegte Charts-Auswahl. Und wenn der Regen aufhört, steht dir die ganze Brick Lane offen.
➤ S. 94

BEST OF LOW-BUDGET

FÜR DEN KLEINEN GELDBEUTEL

FAST FÜR LAU

Die Seiten *freetoursbyfoot.com/london-tours* und *londonforfree.net* listen Stadtführungen, Ausstellungen, Tage der Offenen Tür und kulturelle Veranstaltungen auf, für umsonst oder kleines Geld. Wer mit Kindern unterwegs ist, spart mit einem Familienticket bei vielen Attraktionen.

ES GRÜNT SO GRÜN …

Gemütlich eine Stunde im Liegestuhl abhängen für £ 3 oder ein leckeres Picknick direkt auf dem Rasen verspeisen, das geht z. B. im *St James's Park* oder *Hyde Park* (Foto).

➤ S. 30, 35

RADELN UND SPAREN

Radeln ist gesund und schont die Umwelt. Warum also nicht gleich mit einem der Räder vom *Londoner Leihrad-Netzwerk* ins Museum radeln? Die erste halbe Stunde ist für lau.

➤ S. 147

FREIKULTUR

In der Mediathek des *British Film Institute* kannst du gratis Klassiker, Filmperlen und TV-Kultserien aus dem Nationalarchiv ansehen.

➤ S. 104

GOTTESDIENST IN DER KRÖNUNGSKIRCHE

Ein königlicher Eintrittspreis (£ 25) wird in *Westminster Abbey* verlangt, wenn du die Krönungskirche von innen sehen willst. Komm besser werktags zum kostenlosen Abendgottesdienst und lass den prachtvollen Bau auf dich wirken.

➤ S. 38

GENERÖSE MUSEUMSPOLITIK

Die staatlichen Museen Londons sind kostenlos zu besichtigen: Weder im *British Museum* noch im *Victoria & Albert Museum* oder in der *Westminster Cathedral* zahlst du Eintritt!

➤ S. 45, 34, 39

BEST OF
MIT KINDERN

SPANNENDES FÜR GROSS & KLEIN

ALLES UNTER EINEM DACH
Das Richtige bei Schlechtwetter oder Langeweile – in der *County Hall* findet ihr gleich mehrere Spaßangebote: das *Sea Life London Aquarium* für Unterwasserentdecker, eine magische Reise bei *Shrek's Adventure*, und *The London Dungeon* sorgt für den Gruselfaktor.
➤ S. 59

SPIELEN UND TOBEN
Nahe beim Kensington Palast können die Kleinen auf dem *Diana Memorial Playground* ins Piratenschiff klettern, Indianer spielen oder im Sand buddeln.
➤ S. 31

AB IN DEN ZOO
Affen, Raubkatzen, Nilpferde, Pinguine und Giraffen warten im *London Zoo* auf euren Besuch. Dorthin kommt ihr mit dem London Waterbus über den Regent's Canal.
➤ S. 61

AM TEMPOLIMIT
Rasend schnell saust du durch die 178 m lange Tunnelrutsche am *Arcelor Mittal Orbit* im *Queen Elizabeth Olympic Park* hinunter.
➤ S. 66

EULE, BESEN UND ZAUBERSTAB
In den Kulissen der *Warner Brothers Studios*, in Leavesden, ca. eine halbe Stunde außerhalb Londons, wanderst du durch Hogwarts' Speisesaal oder den magischen Wald *(wbstudiotour.co.uk)*. Und am Bahnhof *King's Cross* darf jeder versuchen, Harry Potters Gepäckwagen durch die Wand zu schubsen.
➤ S. 44

FLUSSSCHIPPERN
Entspannte und fröhliche Zeit auf der Themse: die Tickets für die Stadtrundfahrten beinhalten auch *Bootsfahrten* auf dem Fluss.
➤ S. 149

BEST OF

TYPISCH

DAS ERLEBST DU NUR HIER

MAN GÖNNT SICH JA SONST NICHTS

The Ritz (Foto) ist das Original und immer noch der beste der klassischen Afternoon Teas in Hotels. Hier stimmt einfach alles: die Stimmung, der Service, die Qualität des Tees und der göttlichen Scones.
➤ S. 72

VOGELPERSPEKTIVE

Wow, was für eine Aussicht auf die Stadt! Die beste hast du z. B. vom gigantischen Riesenrad *London Eye* an der Themse oder vom „Scherben"-Hochhaus *The Shard* aus.
➤ S. 58, 57

ABTANZEN

Dancing through the night: Wer viel Kondition hat, arbeitet sich am Wochenende auf einem der angesagten Dancefloors ab, stilecht z. B. im alten Lagerhaus *Village Underground*.
➤ S. 103

FISH & CHIPS

Vor allem fettig ist dieser britische Klassiker im Doppelpack: Pommes mit Malzessig plus Kabeljau, Schellfisch oder Scholle in Panade. Das musst du unbedingt bei *Poppies* probieren – eine Londoner Institution!
➤ S. 76

AUF INS GEWÜHL

Londons Märkte sind wuselig: Gourmets ab auf den *Borough Market*! Schnäppchen- und Trendjäger werden auf dem *Broadway Market* und dem *Brick Lane Market* glücklich.
➤ S. 92

BESUCH IM PUB

Ein sehr englisches Vergnügen: ein Bier oder Bitter in einem alteingesessenen Pub – inmitten von Jugendstilinterieur, am Fluss oder in einer ehemaligen Poststation. *Real Ale* gibt's im *Black Friar* oder *The Dove*.
➤ S. 107, 108

SO TICKT LONDON

Rollende Wahrzeichen Londons: die roten Doppeldeckerbusse

West Ha
POLICE
POLI

ENTDECKE LONDON

Schönes Wetter verlockt zum Verweilen am Themseufer

Wer erstmals nach London kommt, hat eigene Bilder im Kopf: rote Doppeldeckerbusse, Big-Ben, die dicke Kuppel von St Paul's Cathedral und die Zuckerbäcker-Tower Bridge. Zweit- und Drittreisende wissen, dass es Weiteres gibt, um die London-Mixtur abzustimmen: verrückte Modetrends, die musikalische Subkultur, politisches Machtgehabe im Parlament und die königliche „Firma" im Buckingham Palace.

BEWAHREN UND VERÄNDERN

Es ist die Mischung aus Tradition und Moderne, aus dem Tower und den Hochhäusern, den Zeremonien der Wachablösung und den verstopften Straßen, aus Afternoon Tea im Ritz und bengalischen Currys der Brick Lane, die den Reiz ausmacht. Und London ist noch viel mehr: eine Stadt, die es schafft, ihre 2000-jährige

43 n. Chr Römer gründen Londinium am Nordufer der Themse

449/450 Die Angeln, Sachsen und Jüten besetzen Britannien

1066 Der Normanne Wilhelm erobert England

1265 Das erste Parlament Englands tagt in Westminster

1665/66 Die Pest und das Great Fire wüten in London

1952 Königin Elisabeth II. wird gekrönt

Geschichte lebendig zu halten und dabei stets in Bewegung zu bleiben. Vor allem in den letzten 20 Jahren hat sie sich gewandelt, in ihren Stadtvierteln, mit frisch gestylten Museen und der ambitioniertesten Architektur Europas. London lebt Multikulti mit seinen 9 Mio. Menschen, den Museen und Theatern von Weltrang, seiner Restaurantszene, der Finanz- und Medienwelt und ist Trendsetter für Musik und Mode.

URSPRUNG IN DER CITY

In der City, dem Finanzzentrum, begann vor gut 2000 Jahren die Geschichte des römischen Handelsplatzes Londinium. Es folgten als Besatzer Angelsachsen und Wikinger. Der Sieg der Normannen bei der Schlacht von Hastings 1066 um die Krönungsnachfolge des letzten angelsächsischen Königs Edward the Confessor sollte das letzte Mal sein, dass die Stadt eingenommen wurde. Im weiteren Verlauf des Mittelalters wuchs London zum Zentrum für Parlament, Königshaus und Handel aus den zwei Zentren City und Westminster am nördlichen Themseufer heran. Wirklich geplant wurde die Stadt nie. Nachdem die Flammen des Great Fire of London 1666 die meisten Häuser der City verschlungen hatten, wurden die Gelegenheiten für organisierte Stadtplanung verpasst.

LONDON PUZZLE

London ist aus Teilen zusammengewachsen: dem exklusiven Mayfair mit bürgerlichen Stadthäusern, St James's, dem Viertel der gediegenen Clubs, dem Amüsierviertel Soho, Bloomsbury, dem Intellektuellenviertel des 20. Jhs., Spitalfields

1986 Durch den „Big Bang" wird London zum Finanzplatz

1997 Tod Prinzessin Dianas

2012 Olympische Sommerspiele

2020 Großbritannien tritt aus der EU aus. Die Corona-Pandemie trifft das Land hart

2021 Prinz Philip, Ehemann der Queen, stirbt zwei Monate vor seinem 100. Geburtstag

2022 70. Thronjubiläum im Juni und Tod von Queen Elizabeth II. im September. Prinz Charles wird König und Shoreditch, dem kreativen East End, Greenwich mit seinem maritimen Flair, dem grünen Hampstead – ein homogenes Ganzes ist nie entstanden. Traditionell verstanden sich die Cockneys, geboren in Hörweite der Kirchenglocken von St-Mary-le-Bow im East End, als die wahren Londoner. Doch den „typischen" Londoner gibt es nicht mehr. Spätestens mit dem 17. Jh., als sich hugenottische Seidenweber aus Frankreich im East End niederließen, wurde London kosmopolitisch. Im 19. Jh. kamen die Iren auf der Suche nach Arbeit; in den 1950er-Jahren folgten Einwanderer aus den indischen und karibischen Commonwealth-Staaten. Sie alle bauten eigene soziale Netze auf und bewahrten Teile ihrer Traditionen. Andere kamen und gingen: Der Philosoph der französischen Aufklärung Voltaire suchte 1726 Exil im toleranten London, Mahatma Gandhi ließ sich während seines Jurastudiums Ende des 19. Jhs. von englischen Sozialisten und dem Dramatiker George Bernard Shaw inspirieren, und Hampstead sollte der letzte Wohnort des vor den Nazis fliehenden Sigmund Freud sein. Heute braucht man sich für einen Querschnitt durch die Londoner Bevölkerung nur in der U-Bahn umzusehen: ein Citymanager in Nadelstreifen neben einem afrokaribischen Teenager mit Dreadlocks, eine alte chinesische Dame, ein junger Skater in Sportdesigner-Labels neben der Bengalin im Sari.

EMPIRE-ERBE

London ist nicht gleich England, aber bestimmte englische Charakterzüge – eine gewisse Reserviertheit, Höflichkeit, ein toleranter Individualismus, Traditionsbewusstsein, Understatement, Selbstironie – bilden das Fundament der Koexistenz in der Großstadt. Denn dreißig Kulturen teilen sich diese Stadt; über ein Drittel der Londoner gehören einer ethnischen Minderheit an. Nur 40 Minuten vom Trafalgar Square kann man sich in Southall umgeben von indischer Radiomusik, Geschäften für Tunika-Hosenensembles und Curryaromen wie im Punjab fühlen. Ein Erbe des British Empire, das sich zur Regierungszeit Queen Victorias (1837–1901) über ein Viertel des Globus erstreckte. Auf Unzufriedenheit über starke Zuwanderung – sowohl aus osteuropäischen EU-Staaten wie aus anderen Teilen der Welt – reagiert die konservative Regierung seit 2010 mit einer sehr restriktiven Einwanderungspolitik. Der Brexit schränkt den Zuzug von EU-Bürgern ein und verstärkt den Mangel an Arbeitskräften, vor allem in der Gastronomie und im Lieferverkehr. Das Ausbrechen der Covid-19-Pandemie verschleierte diese Entwicklung zunächst, aber seit der Erholung der Wirtschaft fehlt es überall an Personal. Dennoch: London ist nach wie vor eine der kosmopolitischsten Städte der Welt.

LONDONER QUERSCHNITT

Londoner verdienen durchschnittlich £ 770 pro Woche, aber je nach Arbeit und Stadtbezirk fällt das Einkommen sehr unterschiedlich aus. Zu den wohlhabenden Bezirken gehören Kensington und Chelsea, wo auch die Immobilienpreise mit am höchsten sind, Tower Hamlets gehört zu den ärmsten Londoner Stadtteilen. Die Arbeitslosenquote ist in den letzten Jahren stetig gesunken und liegt bei 5 Prozent. Dafür liegt die Quote fürs Recycling unter dem nationalen Durchschnitt; gegen die Verschmutzung der Luft sind der Bürgermeister mit der Erhebung von Mautgebühren und die Londoner mit Radfahren angetreten. Die blauen Cycling Highways, wahre Radautobahnen, machen's möglich. Rasend schnell sausen sie morgens zur Arbeit.

ROYALES FLAIR

London hat mehr Grünflächen als jede andere Stadt vergleichbarer Größe. Durch Hyde Park, St James's Park, Green Park oder Regent's Park kann man ungehindert spazieren oder wie die Büroangestellten auf dem Rasen ein Sandwich verspeisen. Die königlichen Parks sind nur ein Beispiel dafür, wie das Königshaus im Londoner Leben im Hintergrund mitläuft; die Royals bringen viele Touristen in die Stadt, aber für den Londoner Alltag spielen sie keine große Rolle. Es sei denn eine königliche Geburtstagsparade wird abgehalten, eine Hochzeit gefeiert oder ein Baby kommt auf die Welt.

UNTERIRDISCH SCHNELL

Die Fäden für die Belange der Stadt hält der Bürgermeister Sadiq Khan in Händen. Er steht vor vielen Herausforderungen – zu den größten zählen die Verbesserung der Luftqualität, die Schaffung von bezahlbarem Wohnraum und der

Immer zum Sprung bereit: Pendeln mit der Underground

Ausbau des öffentlichen Transportnetzes. Die Tube, das älteste und weitläufigste U-Bahnnetz der Welt, erlitt durch die Pandemie Einbußen: Vorher pendelten täglich etwa 4 Mio. Menschen zu ihrem Arbeitsplatz. Die Zahl sank durch den Lockdown auf ca. 80 000 und liegt inzwischen wieder bei 2,5 Mio. Passagieren. Als Londonbesucher fährt es sich leichter außerhalb der Stoßzeiten. Am Wochenende ist die Tube für Nachtschwärmer im Einsatz. Das Cross-Rail-Projekt, eine West-Ost-Strecke vom Flughafen Heathrow bis Canary Wharf („Elizabeth Line"), soll bis Ende 2023 komplett fertiggestellt werden. Teilstücke der neuen Linie sind bereits in Betrieb, was Fahrtzeiten verkürzt.

WOHNUNGSSZENE

Londons Immobilienmarkt boomte bis zum Votum für den Brexit 2016 mit hohen Preisen, dann stagnierte er und die Hauswerte sanken. Seit dem EU-Austritt 2020 erholte sich die Branche. Die Pandemie und Arbeiten im Homeoffice beschleunigten den Häuserkauf zusätzlich. Inzwischen sind die Preise in London wieder so hoch wie nie: etwa 13 500 Euro pro Quadratmeter. Da sich vor allem junge Menschen keine bezahlbare Wohnung leisten konnten, zogen die Kreativen in Gegenden östlich der City, in alte Arbeiter- und Sozialsiedlungen. Mit ihren Ateliers und kleinen Läden setzten sie Trends in Hoxton, Shoreditch und Bethnal Green. Dalston und Hackney folgten. Trend heißt hier jedoch nicht aufgemotzt wie im schicken Notting Hill, sondern eher selfmade in „shabby chic" zwischen billigen Imbissläden, Waschsalons, gammeligen Lagerhäusern und tristen Hausfassaden. Inzwischen sind Gegenden südlich der Themse hinzugekommen. Zur Ausgehmeile gehört Brixton fest dazu, Clapham und Peckham ziehen nach.

LEBEN AM FLUSS

Was wäre London ohne die Themse? Die Römer gründeten hier die erste Siedlung. König Heinrich VIII. schipperte auf „Father Thames" von Whithall nach Hampton Court. Sir Francis Drake nahm von hier aus Kurs für seine Weltumseglung. Die Einwanderer des 18./19. Jhs. landeten per Schiff an, ebenso wie die Waren von weltweit in den Hafenanlagen von Canary Wharf & Co.In den späten 1990er-Jahren verschwanden auf der Südseite der Themse alte Industriebrachen. Mit der Tate Modern, Shakespeare's Globe und „The Shard" entstand eine Flaniermeile – Kontrapunkt zum seit jeher dominanten Nordufer mit Regierung und Banken. Beim abendlichen Bummel am Themsesüdufer sieht die St Paul's Cathedral, im Dunkeln angestrahlt, einfach erhaben aus. Die rasante Entwicklung der Stadt wird von den Brücken aus gut sichtbar: Kräne zeugen vom Bau weiterer Skyscraper in der City, Vauxhall, Battersea und Canary Wharf. Die Spielstätten der Sommerolympiade 2012 sorgten für die östliche Ausdehnung und wurden in den sportlich-entspannten Queen Elizabeth Park verwandelt. Es ist diese Dynamik, die London zu einer der spannendsten Städte der Welt macht.

INSIDER-TIPP
Majestätische Aussicht

AUF EINEN BLICK

9.002.000
Einwohner

Berlin: 3.700.000

10.01.1863
Erste U-Bahn-Fahrt

Berlin: 18.02.1902

1935 ha
groß ist die Grünfläche aller Royalen Parks

So viel wie 2710 Fußballfelder

300

MUTTERSPRACHEN SIND IN LONDON VERTRETEN

Regentage pro Jahr in London

164

Köln: 263

HÖCHSTER WOLKENKRATZER: THE SHARD

310 M

Commerzbank Tower Frankfurt: 259 m

31 BRÜCKEN

führen über die Themse zwischen Londons City und Hampton Court im äußersten Südwesten

135 M

hoch ist das London Eye, das größte Riesenrad in Europa

PRO-KOPF-TEEVERBRAUCH
Briten: 200 l
Deutsche: 27 l im Jahr

U-BAHN-STRECKE GESAMT:
403 KM

LONDON VERSTEHEN

EIN HERZ FÜR DIE KRONE

... hat die internationale Yellowpress immer noch, denn es gab jüngst wieder royalen Tratsch zu berichten, wenn auch nicht so häufig wie in den 1990er-Jahren, als die Kinder von Queen Elizabeth II. ständig für Eheskandale sorgten. Zuletzt musste Prinz Andrew seine royalen Ämter abgeben, weil er in die Epstein-Affäre verwickelt war. Enkel *Dirty-Harry,* Prinz Charles' zweiter Sohn, mit der US-Schauspielerin Meghan Markle verheiratet, sorgte zwei Jahre nach der Hochzeit für Aufregung, als das Paar in die USA zog und von seinen royalen Pflichten zurücktrat. Harrys großer Bruder, Prinz William, mit der Bürgerlichen Kate verheiratet, hat mit George, Charlotte und Louis bereits dreimal für den nötigen Thron-Nachwuchs gesorgt.

Doch was fasziniert ausländische Besucher am royalen Glanz eigentlich? Die mit viel Kostümierung, Bärenfellmütze und Brimborium in Szene gesetzten Aufmärsche und Zeremonien? Ist es ein Hauch von kindlicher Sehnsucht nach der Geschichte vom Aschenputtel und seinem Märchenprinzen? Das 70-jährige Thronjubiläum von Queen Elizabeth II. 2022, ein in der Geschichte des Landes einmaliges Ereignis, wurde im Juni vier Tage lang gefeiert. Wegen ihrer Beständigkeit und Disziplin genoss die 96-Jährige weltweit großen Respekt. Im September 2022 verstarb die Queen in Balmoral. Der Übergang hatte schon vorher begonnen: Viele öffentliche Auftritte übernahmen Charles und William.

MULTIKULTI

London ist neben New York die multikulturellste Stadt der Welt, und hat auch ein sichtbares Zeichen der Vielfalt bekommen: Seit 2016 fungiert Sadiq Khan als Bürgermeister der Millionenmetropole. Ein Novum in der Londoner Stadtgeschichte, denn der Jurist Khan ist ein britisch-pakistanisches Einwandererkind und der erste Londoner Bürgermeister muslimischen Glaubens. Als Sohn eines Busfahrers wuchs er im ethnisch bunt gemischten Stadtteil Tooting im Süden Londons auf und kennt die Nöte und Sorgen aller sozialen Schichten der Stadt aus eigener Anschauung. Damit ist er so ziemlich das Gegenteil seines Amtsvorgängers, des oft clownesk auftretenden Boris Johnson. Der war Eton-Schüler und Oxford-Absolvent, stammte aus der weißen Elite und war mit allen in der konservativen Partei bestens vernetzt. Sadiq Khan, Mitglied der Labour-Partei, hat viele Herausforderungen und Aufräumarbeiten für die Multikultistadt London zu meistern.

GELÉE ROYALE

Der königliche Garten hinter Buckingham Palace ist ein weitläufiges Gelände mit Blumenrabatten und Sträuchern, sich schlängelnden Pfaden und Hecken, einem Tennisplatz, einem kleinen See, Gartenpavillons und alten Bäumen. Zwei Platanen sind inzwi-

In Souvenirshops winkt sie noch immer hoheitsvoll: Queen Elizabeth II.

schen so groß, dass sie ihre Äste ineinander verwoben haben. Ein schönes Bild für ein glückliches Paar, denn diese Bäume wurden von Victoria und Albert gepflanzt, den Ur-Ur-Ur-Großeltern von König Charles III. Die Gartenseite des Palasts schaut auf eine große saftig grüne Rasenfläche. Und die wird im Sommer zum Schauplatz besonderer Veranstaltungen: royaler Gartenpartys. Wenn man sich übers Jahr als Sportler, Ehrenamtler oder durch besondere Aktivitäten um das Land verdient gemacht hat, kann es sein, dass man zu einer der drei großen Gartenpartys des Königshauses eingeladen wird. Dann stapfen nachmittags um die 8000 Gäste über den gepflegten Rasen, verdrücken 20000 Stück Kuchen und ebenso viele Sandwiches, die mit 27000 Tassen Tee hinuntergespült werden. Obwohl es im Garten genügend Insekten gibt, kommt man auch ohne Autan mit heiler Haut durch den Nachmittag. Denn die meisten von ihnen sind Bienen aus Neuseeland, die auf der Insel im See gehalten werden. Dem Commonwealth sei Dank! Denn die Insekten produzieren nicht nur an die 400 Gläser königlichen Honigs im Jahr, sondern sind auch weniger aggressiv als ihre britischen Verwandten. Wäre ja auch zu peinlich, wenn die große Gästeschar von einem royalen Bienenschwarm angegriffen würde …

RADIONERVEN

Auch wenn die Swinging Sixties längst Geschichte sind, rockt die Stadt noch immer mit guter Musik. Populäre Musikrichtungen wie Garage, Hip-

Hop, Drum & Bass, R'n'B entwickeln sich ständig weiter; aus Rock wird Heavy Elektro Rock, Elektronikmusik mischt sich mit Jazz- und Blueselementen. Hier werden Trends gemacht und Musiker geboren, die morgen in der Schule eine Band gründen und übermorgen nach ersten Youtube-Hits im Club auftreten. Impulsgeber für Musikinnovationen ist seit mehr als 50 Jahren der Stadtteil Camden. Internationale Größen wie die Rolling Stones und Jimi Hendrix brillierten vor ca. 50 Jahren mit Live-Auftritten im legendären *Roundhouse*. Blur, Oasis, Suede, Amy Winehouse, David Bowie und Pink Floyd gaben sich in Camden die Ehre. Eine aus der jüngeren Musikergeneration ist die weltbekannte Adele aus London-Tottenham. Ihr Titelsong zum James-Bond-Film *„Skyfall"* bescherte ihr einen Oscar, Grammy und Golden Globe. Den Nerv der Zeit traf sie mit ihrem melancholischen Love Song *„Hello"*. Er avancierte zum Hit und Dauerbrenner in den Charts. Damit trampelte sie gehörig auf den Nerven der Radiomoderatoren herum, die das Stück wochenlang spielen mussten und es am Ende nicht mehr hören konnten.

IT'S TEATIME

Keine Angst, wenn du nach London reist, musst du nicht automatisch Tee trinken. Neben den Läden der großen Kaffeeketten gibt es jede Menge kleine, oft originelle *coffee houses*. Dennoch: Tee ist für Londoner und Briten in jeder Lage ein Lebenselixier. Hat das Gegenüber eine Krise, ob eine große oder kleine, wird erst mal eine

Außen Graffiti-Kunst, innen legendäre Musik – das Roundhouse

Tasse Tee gereicht. Das ist nicht nur höflich, sondern tröstet auch. Im Hausgebrauch setzen die Briten auf den schnellen Tee: Becher auf den Tisch, Teebeutel rein, heißes Wasser drauf und Milch dazu! Der Teebeutel verbleibt nur für kurze Zeit im Wasser, dann ist das meist starke Gebräu schon trinkfertig. Aber keine Sorge: So leger geht's beim Afternoon Tea im Hotel oder Café nicht zu. Hier wird noch die feine Tee-Etikette zelebriert: Loser Tee wird frisch aufgebrüht, dazu gibt's ein Kännchen mit heißem Wasser für den zweiten Aufguss, selbstverständlich Milch. Und natürlich wird allerlei Essbares dazu serviert.

POP-UP!

Was sich wie ein Kommando für Mais in der heißen Popcornpfanne anhört, hat in London und anderen Metropolen der Welt eine ganz andere Bedeutung. Genau wie der Mais ploppt irgendwo in der Stadt ein neuer Laden auf und verkauft für einige Wochen angesagte Klamotten; eine Bar öffnet für begrenzte Zeit ihre Pforten auf einem Dach und sorgt für das nötige Jahreszeitenfeeling mit einer Winterwaldlandschaft oder einem frischen Sommergarten. Für Essen und Trinken und das richtige Klima – niemand muss frieren oder nass werden – wird gut gesorgt. Ein alter Seecontainer kann einem jungen Designer als vorübergehende Herberge dienen, um seine neue Geschäftsidee an den Mann zu bringen. Es darf auch ein ganzes Containerdorf sein, das verwegene Essenskreationen und ausgefallene

KLISCHEE KISTE

NEBEL DES GRAUENS

Von der Themse wabert Nebel durch dunkle Gassen, man sieht die Hand vor Augen nicht und schauerliche Gestalten treiben ihr Unwesen. Die bekannte Sichtbehinderung in London entwickelte sich 1952 zu Todesschwaden, gelb und dick wie Erbsensuppe. Der „Big Smoke", eine giftige Luftsuppe aus Kohle- und Fabrikschlotqualm, der mangels Wind am Boden blieb und mehrere tausend Menschen dahinraffte, war jedoch kein Nebel, sondern tatsächlich Smog. Heute schwirrt keine solche Brühe mehr durch die Straßen. Wenn dennoch die Sicht vernebelt ist, dann durch Dieselabgase.

WEISSBROT UND KOHLKOPF

In England erwartet man schlechtes Essen. Die Meinungen halten sich standhaft wie Kohlgeruch im Hausflur. Pappiges Weißbrot, verkochtes Gemüse, fettiger Fisch mit Pommes. Doch was die Einwanderer aus der ganzen Welt in Londoner Kochtöpfen rühren, schmeckt lecker, frisch, exotisch und gar nicht langweilig. Gourmets schlemmen, wo Spitzenköche sich Michelin-Sterne an die Brust heften, Jamie Oliver hat die heimische Küche aufgemischt und auf den Märkten schmeckt kreatives Streetfood. Und doch: Das Nationalgericht Fish & Chips gehört immer noch zum Kulturgut der Insel.

Mobiles Fastfood: Das Angebot der Food Trucks ist originell und vielfältig

Cocktails für den Sommer zelebriert, dabei noch einen experimentellen Garten betreibt und nebenan schrille Hemden verkauft. Na dann: Pop up your eyes – Augen auf und los! *londonpopups.com* | *popbrixton.org* | *boxpark.co.uk*

MEALS ON WHEELS

Auf Englisch klingt „Essen auf Rädern" irgendwie charmanter und doch ist damit auch nur gemeint, dass kochmüde Rentner zu Hause versorgt werden. Der Essensservice für *junge* Londoner ist da ganz anders gestrickt – ohne Bring-, sondern mit Holservice: Streetfood! Die Wagen jeglichen Formats bringen frisches, gesundes, herzhaftes, süßes, vor allem ausgefallenes Essen auf den Teller bzw. in die Schachtel. Von thailändisch bis afrikanisch, von italienisch bis spanisch, von koreanisch bis deutsch – alles kann man unterwegs probieren. Versäum nicht, dich einmal durch diese Wagenburg von Food Trucks und Streetfood-Ständen zu essen! Mit kreativer Kochkunst bevölkern sie die Londoner Märkte und Straßen von Clapham bis Camden, von Nottingham bis Bethnal Green. Guten Appetit!

FRÜHSTÜCKSGESANG

Dass die Briten den Brunch erfunden haben, hmm – das ist historisch nicht belegt. Zumindest der Begriff für diese Mahlzeit zwischen Frühstück *(breakfast)* und Mittagessen *(lunch)* stammt aus dem englischen Sprachraum. Brunch ist bei Londonern sehr beliebt, vor allem die neuere Variante *bottomless brunch*, was ein bisschen unanständig klingt, denn *bottom* sagt der Brite zum Allerwertesten. Gemeint ist aber eine Art Happy Hour zur Frühstückszeit: Man bezahlt einen Festpreis für Prosecco oder Cocktails und hat ein bis zwei Stunden Zeit, davon so viel zu trinken, wie man schafft. Den Brunch ordert man besser gleich dazu, bevor man volltrunken ist. Singfreudige Kandidaten gehen gleich zum Hip-Hop-Brunch *(hiphopbrunchldn.com)*. Da fällt es mit so viel Sprit im Blut leichter, sich auf die Bühne zu stellen und vor allen Gästen Karaoke zum Besten zu geben.

STETS IM VISIER

Dem Reisenden fällt zuweilen die merkwürdige Anordnung der Hochhäuser in der Stadt auf: wie nach einem Geheimplan verteilt, der sich auf den ersten Blick aber nicht erschließt. Das Muster wird erst beim zweiten Hinsehen erkennbar. Dann nämlich, wenn man auf einen der Hügel rund um London steigt, wie *Primrose Hill* oder *Hampstead Heath*. Von hier hat man einen tollen Blick auf die Stadt und auf *St Paul's* und *Westminster Cathedral*. Und damit erklärt sich das Rätsel: Die Sicht vor allem auf die ehrwürdige Kathedrale darf nicht verbaut werden. So entsteht ein Blickachsenmuster, das, über den Stadtplan gelegt, verschiedene Korridore und Kreuzungen ergibt, in denen keine neuen Hochhäuser entstehen dürfen. Auch aus südöstlicher Richtung, vom *Henry's Mound* in Richmond, muss die Kathedrale sichtbar bleiben. Hier blieb eine Lücke in den Hecken frei, sodass man sie in 16 km Entfernung bei gutem Wetter mit bloßem Auge oder sonst durchs aufgestellte Fernrohr ausmachen kann.

DER BALL IST RUND

22 Spieler, aufgeteilt in zwei Mannschaften, rennen einem Ball hinterher und versuchen diesen ins Netz des Gegners zu bugsieren. So dilettantisch darf man im Mutterland des Fußballs diesen Sport natürlich nicht beschreiben. Die ersten Ballspiele dieser Art wurden vermutlich schon im Mittelalter veranstaltet. Verbrieft ist aber die Gründung des ersten Vereins im Jahr 1857, kurz danach wurde die Football Association (FA) gegründet. Wenn die Fans von Liverpool und Manchester das auch anders sehen: London ist Europas Fußballhauptstadt mit insgesamt 17 Vereinen, von denen derzeit sieben in der Premier League spielen. Arsenal, Chelsea und Tottenham Hotspur sind jedes Jahr Titelfavoriten und schieben nicht nur den Ball über den Rasen, sondern auch ihre Spieler von einem internationalen Verein zum anderen – für sehr viel Geld, versteht sich. Und fast so schnell wie die Trikots nach dem Spiel getauscht werden, wechseln auch die Trainer ihre Plätze. Alle – bis auf einen: der Arsenal F. C. leistete sich 22 Jahre lang ein und denselben Trainer: Arsène Wenger. Der Franzose galt als guter Coach und cleverer Talentscout. Seine Fans vertrauten ihm und verkündeten dies gern mit dem Spruch: „Arsène knows!"

SIGHT SEEING

London hat eine überwältigende Fülle an Sehenswürdigkeiten, zu viel, um alles bei einem Besuch sehen zu können. Besser ist es, ein zweites, drittes oder viertes Mal wiederzukommen und jedes Mal etwas Neues zu entdecken.

Einen guten Überblick erhältst du bei einer Stadtrundfahrt (24-Std.-Ticket) im Hop-on-Hop-off-Doppeldeckerbus. Wer sich ein wenig auskennt, fährt günstiger mit einem der original roten Doppeldeckerbusse und sitzt ganz oben. Viele Baudenkmäler der Stadt darf man gratis besichtigen. Kostenlos kommst du auch in die stän-

Ein Wahrzeichen und absolutes Must-See: die Tower Bridge

digen Ausstellungen der großen Museen. Teuer kann allerdings der Besuch von Sonderausstellungen, des Museumscafés oder der Einkauf in den verlockenden Souvenirläden *(gift shops)* werden. London beherbergt einige der wichtigsten Kunstsammlungen der Welt. Geschichte und Ausdehnung des British Empire sowie die Sammelleidenschaft der Viktorianer haben der Stadt eine einzigartige Museenlandschaft beschert. Die ehrwürdigen Häuser präsentieren sich nicht nur als Bildungseinrichtungen, sondern bieten auch interaktive Erlebnisse.

DIE STADTVIERTEL IM ÜBERBLICK

MARCO POLO HIGHLIGHTS

★ **BUCKINGHAM PALACE**
Hauptquartier der Monarchie ➤ S. 39

★ **HOUSES OF PARLIAMENT & BIG BEN**
Epizentrum britischer Politik ➤ S. 36

★ **THE LONDON MUSEUM**
Stadtgeschichte modern präsentiert ➤ S. 50

★ **TATE BRITAIN**
500 Jahre britischer Kunst ➤ S. 39

★ **WESTMINSTER ABBEY**
Die Kirche der VIPs ➤ S. 37

★ **BRITISH MUSEUM**
Beliebtestes Museum des Landes ➤ S. 45

★ **NATIONAL GALLERY**
Alte Meister am Trafalgar Square ➤ S. 47

★ **MADAME TUSSAUD'S**
Die halten wenigstens still: VIPs in Wachs ➤ S. 60

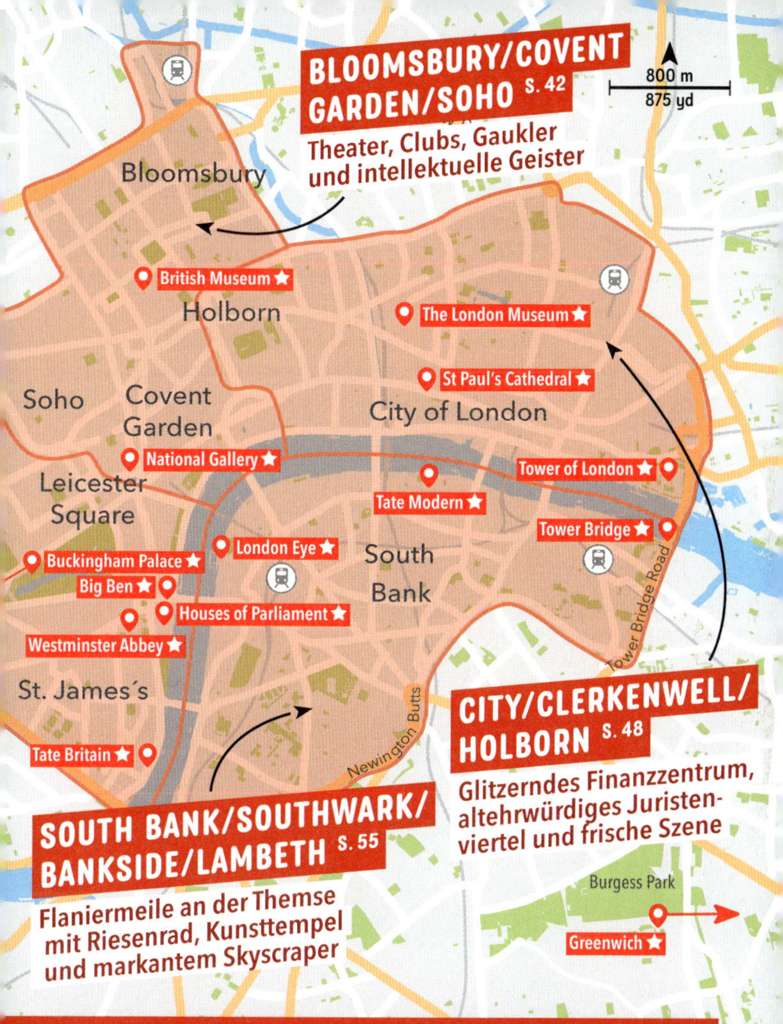

★ **ST PAUL'S CATHEDRAL**
Sir Christopher Wrens Glanzstück ➤ S. 50

★ **TOWER OF LONDON**
Hier sind die Kronjuwelen sicher ➤ S. 53

★ **LONDON EYE**
Ganz London im Blick ➤ S. 58

★ **TATE MODERN**
Moderne Kunst in spektakulärem Rahmen ➤ S. 57

★ **TOWER BRIDGE**
Londoner Wahrzeichen – begehbar ➤ S. 56

★ **GREENWICH**
Britische Seefahrergeschichte live ➤ S. 65

★ **KEW GARDENS**
Botanischer Garten der Extraklasse ➤ S. 63

WOHIN ZUERST?

Trafalgar Square *(🕮 J-K6)*: der ideale Ausgangspunkt fürs erste Mal. U-Bahn- und Zugbahnhof ist Charing Cross (Northern/Bakerloo Line), 100 m entfernt, auch passieren viele Busse den Platz. Wer Whitehall hinuntergeht, gelangt in 10 Min. zu den Houses of Parliament und Big Ben, London Eye und den Attraktionen des Themseufers. Durch den St James's Park ist schnell der Buckingham Palace erreicht, Kunstfans haben die National Gallery im Rücken, und Musikfreunde zieht es in die Kirche St-Martin-in-the-Fields.

KENSINGTON/ KNIGHTS-BRIDGE/ CHELSEA

Die westlichen Viertel umfassen die großen Parks mit Princess Dianas letzter Wohnstatt – heute lebt hier Prince William, wenn er sich in London aufhält –, bedeutende Museen und viele Möglichkeiten, sein Geld in Mode zu investieren.

Hyde Park und Kensington Gardens sind zusammen eine der größten zentralen Grünflächen, ideal für Naturliebhaber, Spaziergänger, eine sommerliche Bootspartie oder ein kleines Picknick auf der Wiese. Südlich schließen sich das Goethe-Institut und in dichter Reihenfolge die großen kostenlosen Museen an. Westlich ist das Designmuseum angesiedelt, dessen Architektur ebenso beeindruckt wie die ausgestellten Objekte. Unweit startest du in Knightsbridge mit der Shoppingtour bei den großen Kaufhäusern Harrods und Harvey Nichols. Um die Ecke, auf der Sloane Street, flanierst du vorbei an bekannten teuren Modelabels. Wenn du noch nicht genug hast, bist du bald auf der King's Road in Chelsea angekommen, wo das Portemonnaie nicht ganz so strapaziert wird. Wo früher die Swinging Sixties tobten, kannst du heute in kleinen Cafés sitzen, dir aktuelle Kunst in der Saatchi Gallery ansehen oder den Einkaufsbummel fortsetzen. Interessant ist auch ein Spaziergang entlang des Cheyne Walk, wo viele Musiker, Schriftsteller und Künstler wohnten.

1 HYDE PARK

Londons größter und bekanntester Park. Auf der *Rotten Row* bewegt die High Society ihre Pferde. An *Speakers' Corner (🕮 F6) (U-Bahn Central: Marble Arch)* darf seit 1872 jeder seine Meinung kundtun. In ganz Großbritannien dürfen sich nur hier politische Demonstrationen ohne polizeiliche Erlaubnis formieren. Neben der *Serpentine Bridge* steht die *Diana, Princess of Wales Memorial Fountain (🕮 E7)*, ein eleganter Granitring mit Wasserspielen. Auf dem Serpentine-See kannst du im Sommer Boot fahren. *U-Bahn Piccadilly: Hyde Park Corner, Central: Marble Arch, Lancaster Gate, Queensway | Kensington | 🕮 E–F 6–7*

Immer gut besucht: Die King's Road in Chelsea

2 KENSINGTON PALACE

Wenn du weiter durch Hyde Park spazierst, gelangst du durch die Kensington Gardens zur letzten Residenz von Princess Diana. Hier lebte sie nach der Trennung von Prince Charles. Heute haben Prince William und Kate hier ihre Büros und eine Wohnung für Londonaufenthalte, wenn sie nicht in Windsor sind. Ein Teil des Palastes ist für Besucher zugänglich. Neben den prunkvollen *State Apartments* sind Ausstellungen den ehemaligen Bewohnerinnen gewidmet: vor allem Königin Victoria, die hier aufwuchs. Ohne Ticket kann man im *„Sunken Garden" (Mi–So 10–17.45 Uhr)* flanieren, wo Prinz Harry seine Verlobung mit Meghan Markle kundtat – im Lieblingsgarten seiner Mutter, Princess Diana. Im Anschluss können Kinder auf dem nahe gelegenen *Diana Memorial Playground (Mai–Aug. tgl. 10–19.45, April, Sept. bis 18.45, März, Anf. Okt. bis 17.45, Feb., Ende Okt. bis 16.45, Nov.–Jan. bis 15.45 Uhr)* spielen und toben. *März–Okt. Mi–So 10–18, Nov.–Feb. bis 16 Uhr | online günstiger: £ 20 | hrp.org.uk | U-Bahn Circle, District: High Street Kensington | Kensington | 2 Std. | C7*

3 DESIGN MUSEUM

Der Umzug des Design-Museums vom umgebauten Bananenlager in Bermondsey an der Themse ins aufgehübschte ehemalige Commonwealth Institute hat für mehr Platz gesorgt. Innenarchitektur und jede Menge Design alltäglicher Objekte veranschaulichen, was sich kreative Köpfe für den Hausgebrauch ausgedacht haben – von der Teekanne bis zur Ikea-Tragetasche. *Tgl. 10–18 Uhr | Eintritt frei, Sonderausstellungen ab £ 9,50 | 224–238 Kensington High Street | designmuseum.org | U-Bahn Circle, District: High Street Kensington | Kensington | 1 Std. | A8*

4 ALBERT MEMORIAL

Queen Victorias Mann Albert starb mit 42 Jahren. Das neogotische Denkmal (1876) mit Marmor, Mosaikglas und Halbedelsteinen schuf George Gilbert Scott, der auch die rote Telefonzelle entwarf. Die vergoldete Statue zeigt Albert im Katalog zur Industrieausstellung *Great Exhibition* 1851 blätternd, zu seinen Füßen ein Fries mit Figuren aus Wissenschaft und Kunst. *90-minütige Führungen, Termine und Buchungen über die Website | £ 12 | Kensington Gardens | royalparks.org.uk | U-Bahn Central: Lancaster Gate | Kensington | D8*

5 ROYAL ALBERT HALL

Die berühmte kreisrunde Konzerthalle wurde 1871 zum Gedenken an den verstorbenen Gemahl von Königin Victoria eröffnet und bietet nicht nur die bekannten Sommerkonzerte „Proms". Das breite Programm umfasst Konzerte von Symphonieorchestern, und auch Rock-, Pop- und Jazzgrößen wie Adele, Pink Floyd oder Frank Zappa traten hier auf. *Themenführungen an unterschiedlichen Tagen, auch mit Champagner oder Afternoon Tea (unbedingt vorher online buchen) | ab £ 16,25 | royalalberthall.com | Kensington Gore | U-Bahn Circle, District, Piccadilly: South Kensington | Kensington | D8*

6 SCIENCE MUSEUM

Die erste Dampflokomotive „Puffing Billy" (1813), die *Burnley Mill Engine*, deren riesiges Rad 1700 Webstühle antrieb, die Rekonstruktion der Mondlandekapsel Apollo, das erste Auto und der erste Computer: Hier wird die rasante technische Entwicklung anschaulich und lässt kleine und große Jungs staunen. Wer bin ich? Wie sehe ich aus, wenn ich alt bin? Wie klingt meine Stimme im anderen Geschlecht? Entdecken und Experimentieren ist in der Galerie *Who am I?* angesagt. Nerds spielen das erste Heimvideospiel „Pong" in der Galerie *Secret life of the home*. Und wer das Tick-Tack alter Uhren schätzt, bestaunt die 400 Jahre alte Kunst der Zeitmessung im *Clockmakers' Museum*. Wann entstand das World Wide Web? Wann wurde das erste transatlantische Telefonat geführt, wann ging BBC erstmals auf Sendung? Geh auf Entdeckungsreise in der Galerie *Information Age*. Kleine Kinder (3–6 J.) können in *The Garden* im Untergeschoss mit Licht und Geräuschen experimentieren. Größere Kids heben mit 3D-Technik als Red-Arrow-Piloten ab, Geschwindigkeitsrausch inklusive *(£ 5)*. In den familienfreundlichen Picknickzonen ist das Mitbringen eigener Verpflegung erlaubt – Cafés gibt es natürlich auch. *Tgl. 10–18 Uhr | Eintritt frei, vorbuchen! | Exhibition Road | sciencemuseum.org.uk | U-Bahn Circle, District, Piccadilly: South Kensington | Kensington | 2–3 Std. | D8–9*

INSIDER-TIPP
Sandwich einpacken!

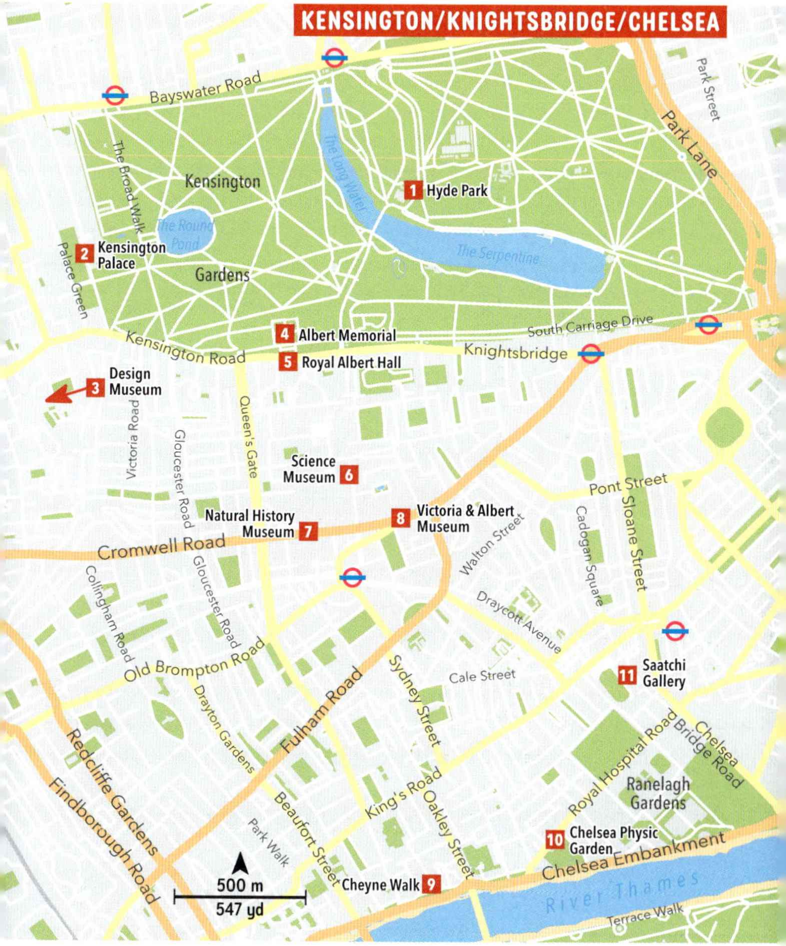

7 NATURAL HISTORY MUSEUM

Mit seiner Terrakottabänderung und den ornamentalen Tier- und Pflanzenskulpturen zählt das im neogotischen Stil erbaute Naturwissenschaftsmuseum zu den schönsten Ausstellungshäusern der Stadt. Die Sammlung umfasst 80 Mio. Objekte, wovon nur ein Bruchteil gezeigt wird. Empfangen wird man in der großen Hintze Hall vom Skelett eines Blauwals, atmosphärisch blau beleuchtet. Dass Naturwissenschaft nicht langweilig ist, erfährt man hier in allen Abteilungen. Dank Hightechsensoren verfolgt das lebensecht animierte Dinosauriermodell eines Tyrannosaurus Rex deine Bewegungen! Per Rolltreppe gleitet man ins Innere der Erde und erlebt in den *Earth Galleries* das Erdbeben im japanischen Kobe von 1995 in einem rekonstruierten Supermarkt. Tauch in den *Weltraum* ein, wo du Faszinierendes über unser Sonnensystem und die Marsmission erfährst, Asteroiden und Meteoriten bestaunst. Im modernen Anbau, dem *Darwin Centre,* werden zoologische Raritäten, Missbildungen und Kuriositäten in Glasgefäßen gezeigt. Kinder (ab 3 J.) pirschen im *Wildlife Garden (Neugestaltung bis Herbst 2023)* nach Kröten und Käfern. Jeweils drei DJs rocken die Hintze Hall leise: Pop und Rock per Headphones aufs Ohr und dann abtanzen *(1 x monatl., 22–1 Uhr | £ 27, online vorbuchen!). Tgl. 10–17.50 Uhr | Eintritt frei, vorbuchen! | Cromwell Road | nhm.ac.uk | U-Bahn Circle, District, Piccadilly: South Kensington | Kensington | 2–5 Std. (Tipp: mehrmals kommen) | D9*

INSIDER-TIPP
Silent Disco Party

8 VICTORIA & ALBERT MUSEUM

Das V & A Museum beherbergt die weltgrößte Sammlung für angewandte Kunst und Kunstgewerbe: Skulpturen, Porzellan, Kleidung, Mobiliar, Glas, Silber, sakrale Kunst aus Europa, Amerika und Asien. Komplette Interieurs und Stücke der Arts-and-Crafts- und Art-Nouveau-Bewegung von W. Morris und C. R. Mackintosh kannst du in den *Britain Galleries* bewundern. Die 24 m hohen *Cast Courts* zeigen Großplastiken wie Michelangelos David, Letzteren freilich nur als Replik. Aktuelle Ausstellungen ergänzen die Sammlung. Großartig: das V & A-Café mit kunstvollen Glasfenstern und verzierten Säulen. *Tgl. 10–17.45, Teile der Ausstellung Fr bis 22 Uhr | tgl. Gratisführungen 10.30 und 14 Uhr | Eintritt frei, Sonderausstellungen £ 15–20 | Cromwell Road/Exhibition Road | vam.ac.uk | U-Bahn Circle, District, Piccadilly: South Kensington | Kensington | 2–5 Std. (Tipp: mehrmals kommen) | D–E9*

9 CHEYNE WALK

Spaziere an den historischen Themseufer-Residenzen aus dem 17./18. Jh. entlang. Hier haben schon Sir Thomas More, der Schatzkanzler Heinrichs VIII., Maler und Dichter Dante Gabriel Rossetti, Fußballer George Best und Rockstar Mick Jagger gewohnt. *rbkc.gov.uk | U-Bahn Circle, District: Sloane Square | Chelsea | D–E11*

10 CHELSEA PHYSIC GARDEN

Londons verstecktester Garten wurde 1673 für Studenten der Medizin eingerichtet. Hier werden pharmazeutische Pflanzen aus aller Welt kultiviert; es gibt einen Stein- und einen historischen Lehrgarten. *April–Okt. So–Fr 11–17, Nov./Dez. und Feb./März bis ca. 16 Uhr | £ 12, spezielle Events ab £ 25 | 66 Royal Hospital Road | chelseaphysicgarden.co.uk | U-Bahn Circle, District: Sloane Square | Chelsea | F11*

11 SAATCHI GALLERY

Werbemogul Charles Saatchi, seit Langem einer der wichtigsten Förderer neuer britischer Künstler, zeigt inzwischen mehr internationale zeitgenös-

Pause im Grünen – wie hier im Green Park

sische Kunst: Malerei und Installationen. *Tgl. 10–18 Uhr | Eintritt frei | Duke of York's Headquarters King's Road/ Sloane Square | saatchi-gallery.co.uk | U-Bahn Circle, District: Sloane Square | Chelsea | F9–10*

WEST-MINSTER/ ST JAMES'S/ MAYFAIR

Hier erwarten dich die ersten touristischen Highlights an der Themse, royale Parks, traditionsreiche Geschäfte und noble Wohnhäuser.

In Westminster konzentrieren sich die Tempel weltlicher und spiritueller Macht mit dem Parlament samt Big Ben, der Westminster Abbey und dem Stadtschloss von Charles III. – Postkartenmotive par excellence.

Nicht weniger ehrwürdig geht es in St James's zu, einem Viertel, das von der Aristokratie geprägt wurde. Noch heute konzentrieren sich hier diskret versteckte Gentlemen Clubs und historische Läden, nicht wenige sind Hoflieferanten.

In den grünen Oasen Green Park und St James's Park kannst du Wasservögel beobachten oder einfach im Liegestuhl faulenzen! Mayfair ist eines der teuersten Pflaster Londons, zumindest wenn man hier wohnen möchte. Kein Wunder, denn seit 300 Jahren gehört ein Großteil der Häuser der alteingesessenen Familie Grosvenor. Nicht minder edel sind die Geschäfte der Bond Street, samt der feinen Herrenschneider in der Savile Row. Schicke Nobelhotels, Nightclubs und Kunstgalerien runden das Bild dieses Viertels ab. Am nördlichen Rand trifft man jedoch auf die trubelige Oxford Street – die Einkaufsmeile hält für jeden Geldbeutel etwas bereit.

12 HOUSES OF PARLIAMENT & BIG BEN ★

Die *Houses of Parliament*, die „Mutter aller Parlamente", kennt man von unzähligen Postkarten, Untersetzern und Kühlschrankmagneten. Doch live ist Charles Barrys Glanzstück spätviktorianischer Neogotik mit seinen goldenen Türmchen, Fialen und filigranem skulpturalem Schmuck erst recht ein Hingucker. Vom mittelalterlichen *Palace of Westminster* ist nur noch die imposante *Westminster Hall* von 1099 mit ihrem Eichen-Hammerbeam-Dach übrig. Der Glockenturm, zum 60. Thronjubiläum in *Elizabeth Tower* umbenannt, ist ein Wahrzeichen Londons. Die berühmte, 13 t schwere Glocke *Big Ben* schlägt seit 1859 jede Stunde. Bröckelnde Steine, verzogene Fenster, Risse in den Decken – das Parlamentsgebäude muss dringend saniert werden. Noch gibt es keinen Beschluss dazu, ob und wohin die Abgeordneten ausweichen sollen, denn für die Renovierung werden mehr als 20 Jahre veranschlagt. Bis zu einer Entscheidung debattieren hier das Unterhaus *(House of Commons)*, die Legislative,

Vorsicht, Nackenstarre: Deckengewölbe der Henry VII Chapel in Westminster Abbey

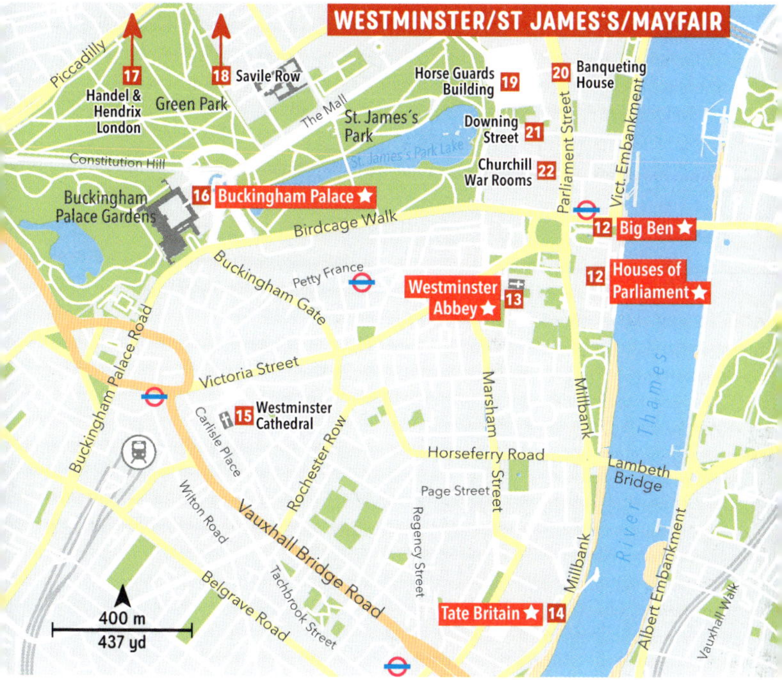

und das Oberhaus *(House of Lords)*, das Gesetze nur mehr verzögern kann. Seit Ende der 1990er-Jahre gibt es immer wieder Bestrebungen, das Oberhaus abzuschaffen und durch eine zweite demokratische Kammer zu ersetzen, sie scheiterten aber bisher. Du möchtest eine der lebendigen Debatte live erleben? Im Unterhaus geht das. Zeiten am besten vorher online checken. Die imposanten Räume von Ober- und Unterhaus darfst du samstags bestaunen. *Sa 9–16.30 Uhr | bei vorheriger Buchung £ 22,50 inkl. Audioguide, geführte Tour £ 29 | parliament.uk | U-Bahn Circle, District, Jubilee: Westminster | Westminster | ⏲ 1–1,5 Std. | K8*

13 WESTMINSTER ABBEY ★

Die Krönungskirche der Royals und Grabkirche der High Society. Edward the Confessor ließ sich hier 1066 eine Kirche bauen, eine Woche nach ihrer Weihung starb er jedoch. Edwards Nachfolger William the Conqueror wurde am Weihnachtstag 1066 zum König gekrönt. Das Gotteshaus erhielt im 13. Jh. seine gotische Prägung, die beiden Westtürme folgten 1745 von Christopher Wrens Schüler Nicholas Hawksmoor. Angefüllt ist die Kathedrale mit über 600 Denkmälern und Grabplatten. Die *Henry VII Chapel*, erbaut im frühen 16. Jh., ziert ein spektakuläres Fächergewölbe im Perpendicular Style.

3300 britische VIPs werden mit Gedenktafeln geehrt oder liegen hier begraben: Dazu gehören Wissenschaftler wie Isaac Newton, Charles Darwin oder der 2018 verstorbene Stephen Hawking, Komponisten wie Henry Purcell und Georg Friedrich Händel und Politiker wie William Pitt der Jüngere und W. E. Gladstone. In der *Poets' Corner* findest du die Gräber von Geoffrey Chaucer und Charles Dickens. Dramatiker Ben Jonson ließ sich 1637 aus Kostengründen stehend beerdigen! Über dem Hauptportal erinnert eine Statue an den 1945 ermordeten deutschen Theologen Dietrich Bonhoeffer.

1953 verfolgten mehr als 8000 Menschen hier live die Krönung von Elizabeth II.; 2011 hingen weltweit 2,5 Mrd. Menschen für Will & Kate, 2022 ca. 4 Mrd. für die Trauerfeier der Queen vor den Fernsehgeräten.

Das mittelalterliche Triforium wurde in die *The Queen's Diamond Jubilee Galleries* verwandelt und zeigt eine wertvolle Sammlung historischer Objekte. Wer's sportlich mag, nimmt die Treppe statt den Aufzug. Die Galerie bietet wunderbare Blicke aus 16 m Höhe hinab ins Kirchenschiff *(vorab online buchen: £ 5 | 45 Min).* Werktags um 17 Uhr *(Sa/So 15 Uhr)* kannst du ohne Eintritt an einem Abendgottesdienst, dem *Evensong*, teilnehmen. *Mo–Sa 9.30–15.30 Uhr (letzter Eintritt), So nur zu den Gottesdiensten | Online-Preis £ 25 inkl. Audioguide, Führungen £ 10 (vorher online buchen) | 20 Dean's Yard | westminster-abbey.org | U-Bahn Circle, District, Jubilee: Westminster | Westminster | Tipps:*

INSIDER-TIPP
Erhabene Sicht

Patriotisch beflaggte Zufahrt auf Buckingham Palace: The Mall

Ticket vorher buchen erspart das Schlangestehen; Multimediaguide fürs Smartphone von der Website downloaden; große Rucksäcke zu Hause lassen; angemessene Kleidung tragen | 1–1,5 Std. | J–K8

14 TATE BRITAIN ★

Mit Zucker hat Sir Henry Tate im 19. Jh. ein Vermögen gemacht, seine Liebe aber galt der Malerei. Seine Sammlung hat er der National Gallery geschenkt, und das passende Museum gleich zur Hälfte mit finanziert. Das denkmalgeschützte Gebäude im neoklassizistischen Stil beherbergt britische Kunst vom 16. Jh. bis heute: u. a. die moralisch-narrativen Gemälde William Hogarths, die poetisch-religiösen Visionen William Blakes, die pastoralen Landschaften Thomas Gainsboroughs und John Constables, die Natur- und Frauenmystik der Präraffaeliten und die anthropomorphen Skulpturen Henry Moores. Nicht versäumen: die Turner-Ausstellung in der *Clore Gallery*. Joseph Mallord William Turner (1775–1851) war ein Meister des stimmungsvollen Spiels mit Licht und Schatten. Seit 1984 wird der wichtige Turner Prize an vier Künstler ausgelobt. Die Werke werden in einer der vier Tate-Galerien in England gezeigt, zuletzt von Oktober 2022 bis März 2023 in der Tate Liverpool. *Tgl. 10–18 Uhr | Eintritt frei, kostenlose 45-min. Führungen tgl. 12, 13, 14 Uhr | Millbank | tate.org.uk | U-Bahn Victoria: Pimlico oder Tate Boat von der Tate Modern | Westminster | 2–4 Std. | K9–10*

15 WESTMINSTER CATHEDRAL

Spektakulär ist der backsteinrot und weiß gebänderte, neobyzantinische Kirchenbau mit Campanile. Das Innere der 1895 begonnenen Kathedrale der römisch-katholischen Minderheitsreligion wird laufend vervollständigt: Marmor und Mosaikkacheln wachsen die Backsteinwände hinauf. Achte auf die Kapelle *Holy Souls* im nördlichen Seitenschiff, für die über 100 Marmorsorten verarbeitet wurden, den Baldachin auf gelben Marmorsäulen über dem Hochaltar und den Flachrelief-Kreuzweg von Eric Gill (1918). *Di–Sa 7.30–18, So 7.30–18.45, Mo 17–18 Uhr | Eintritt frei | 42 Francis Street | westminstercathedral.org.uk | U-Bahn: Victoria | Westminster | H9*

16 BUCKINGHAM PALACE ★

Nur wenn der neue König Charles III. da ist, Sohn der im September 2022 verstorbenen Queen Elizabeth II., flattert es royal rot-gold-blau vom Dach des mächtigen klassizistischen Gebäudes. In der übrigen Zeit weht über dem Palast nicht der Royal Standard, sondern der Union Jack. Zum Tee wird man dennoch nicht geladen. Im August und September allerdings, wenn die Royals Urlaub von der Krone machen, darf man ein paar der 700 Palasträume besichtigen *(Do–Mo 9.30–17.15, Sept. bis 16.15 Uhr, unbedingt frühzeitig online buchen, £ 30 inkl. Audioguide, Dauer 2–2,5 Std. | rct.uk).*

Auch in der *Queen's Gallery (ganzjährig zugänglich, außer bei besonderen Anlässen, Do–Mo 9.30–17.30 Uhr |*

£ 17 | ⏲ 1 Std.) mit den Glanzstücken der königlichen Sammlung alter Meister begegnete man der Monarchin nie. Größere Chancen hatte man in den *Royal Mews*, dem königlichen Marstall *(Feb.–April Do–Mo 10–16, Mai–Okt. Do–Mo 10–17 Uhr | £ 14 inkl. Audioguide, vorbuchen! | ⏲ 1 Std.)*, denn Her Majesty war ja schließlich eine Pferdenärrin. Für jeden Anlass gibt es dazu eine prächtige Kutsche. Die vier Tonnen schwere, vergoldete Staatskarosse kommt jedoch nur zu besonderen Gelegenheiten aus der Remise. Doch nicht nur Pferde und Kutschen stehen hier herum. Auch Oldtimerfans werden ihre helle Freude haben, denn der königlichen Flotte mit Fahrzeugen der Marken Rolls Royce, Bentley, Aston Martin und Jaguar sowie dem ältesten Stück im Stall, einem Phantom IV von 1949, kommt man hier ganz nahe.

INSIDER-TIPP
Fuhrpark der Royals

Vor den Toren des Stadtpalasts ragt das *Victoria Memorial* auf, eine Erinnerung an die Ur-Ur-Ur-Großmutter von König Charles III. Sie machte den Palast im Jahre 1837 zur ständigen Residenz der Royals. Und hier spielt sich dann auch das allseits bekannte Spektakel der Wachablösung *(Changing of the Guard)* ab *(Juni/Juli tgl. 11 Uhr, Aug.–Mai Mo, Mi, Fr, So, außer bei Regen | changing-guard.com | ⏲ 30–60 Min. | Tipp: für gute Sicht ca. 30 Min. früher dort sein)*. Dabei siehst du eine Abteilung der königlichen Infanterie *(King's Foot Guards)* zu Marschmusik von den Wellington Barracks bis zum Buckingham Palace stapfen. *U-Bahn: Victoria, Green Park | Westminster | H8*

17 HANDEL & HENDRIX LONDON

Jimi Hendrix trifft auf seinen Nachbarn Georg Friedrich Händel? Ja, fast, nur 200 Jahre später. Beide lebten als namhafte Musiker Tür an Tür in Brook Street und rockten London, jeder zu seiner Zeit. Händel komponierte hier einige bekannte Werke, u.a. den „Messias" und die „Feuerwerksmusik". An ihn erinnern Briefe, Noten und Gemälde. Hendrix' Erfolg begann in 1966/67 in London mit „Hey Joe" und „Purple Haze" mitten in den Swinging Sixties. So bunt wie diese Zeit ist auch seine Wohnung. Regelmäßig Events und Konzerte *(ab 18 Uhr | ab £ 15)*. 2023 jährt sich der Einzug Händels ins Haus zum 300. Mal. Bis dahin wird das Museum gründlich renoviert und im Frühjahr wiedereröffnet. *25 Brook Street | handelhendrix.org | U-Bahn Central, Jubilee: Bond Street | Mayfair | ⏲ 1 Std. | G6*

18 SAVILE ROW

Die Seitenstraße gilt seit Mitte des 19. Jhs. als feinste Herrenschneider-Straße Londons. In den 1960er-Jahren legte sich die Savile Row ein neues Image zu, auch Mick Jagger und die Beatles, die hier im Apple-Records-Studio (Nr. 3) Aufnahmen machten, kleideten sich hier ein. Eine unkonventionelle Adresse für einen *sharp suit* ist *Ozwald Boateng (ozwaldboateng.co.uk)* an der Ecke Clifford Street. *savilerowbespoke.com | U-Bahn: Oxford Circus | Mayfair | H6*

Eindeutige Aussage: Tweed ist trendy (Savile Row)

19 HORSE GUARDS BUILDING

Vor dem symmetrisch um einen Hof angelegten Gebäude halten stets die Mitglieder der königlichen Life Guard mit unbeweglicher Miene Wache. Wenn dann die Gardisten mit glänzenden Helmen und hoch zu Ross die traditionelle Wachablösung vollziehen *(Mo–Sa 11, So 10 Uhr)*, stehen die Schaulustigen natürlich Spalier. Nur Mitglieder der Royal Family dürfen durch den Torbogen fahren. Faszinierend ist das *Household Cavalry Museum (April–Okt. tgl. 10–18, Nov.–März 10–17 Uhr | £ 10 | householdcavalrymuseum.co.uk)*, das die Geschichte des Regiments erzählt. Nur eine Plexiglasscheibe trennt dich von den königlichen Pferden! *Whitehall | U-Bahn Charing Cross | Westminster | K7*

20 BANQUETING HOUSE

Vor Inigo Jones' klassizistischem Bau, dem letzten Rest von Whitehall Palace, der 1698 abbrannte, wurde 1649 der letzte Stuart-König, Charles I., geköpft. Zuvor hatte Charles noch den Maler Peter Paul Rubens für ein stattliches Honorar beauftragt, die Deckengemälde im 1. Stock üppig zu gestalten und so die Stuart-Herrschaft zu glorifizieren. *Auf unbestimmte Zeit geschl., aktuelle Infos siehe Website | Whitehall | hrp.org.uk | U-Bahn Jubilee, Circle, District: Westminster | Westminster | K7*

21 DOWNING STREET

In dieser (abgesperrten) Seitenstraße von Whitehall residieren hinter der bekanntesten Haustür der Welt seit 1735 die britischen Premierminister.

Beständiger als die Premierminister ist Kater Larry, der „Chef-Mäusefänger" mit Twitter-Account, der seit 2011 versucht, der Mäuse- und Rattenplage im Haus Herr zu werden. Nebenan (Nr. 11) wohnt der Schatzkanzler. *number10.gov.uk | U-Bahn Circle, District, Jubilee: Westminster | Westminster | J–K7*

22 CHURCHILL WAR ROOMS

Map Room, Transatlantic Telephone Room für abhörsichere Telefonate mit Roosevelt, Gasmasken, eine BBC-Rundfunkausrüstung: In Churchills unterirdischer Befehlszentrale während des Zweiten Weltkriegs ist die Zeit am 16. Aug. 1945 stehen geblieben. Folge der Lebensgeschichte des großen Staatsmanns (1874–1965), der 1940–45 Premier- und Verteidigungsminister zugleich war. *Tgl. 9.30–18 Uhr | £ 26,35 inkl. Audioguide | Clive Steps | King Charles Street | iwm.org.uk | U-Bahn Circle, District: St James's Park | Westminster | 1,5 Std. | J8*

BLOOMSBURY/COVENT GARDEN/SOHO

Tagsüber schlägt in Soho das Herz der britischen Kreativindustrie, am Abend wird die Gegend zur Party-Area. Die Dichte an Restaurants, Kneipen, Theatern, Musicals und den größten Kinos ist hier besonders hoch. Rote Lampions, Drachen und Pagoden weisen den Eintritt zu Chinatown rund um Gerrard und Lisle Street. An der Piazza beim ehemaligen Gemüsemarkt Covent Garden unterhalten Gaukler und Straßenkünstler, kauft man Souvenirs an Ständen und in kleinen Läden.

Im nördlich angrenzenden Bloomsbury entstand zwischen den Weltkriegen der Zirkel der Bloomsbury-Group-Literaten um Virginia Woolf. Die Straßenzüge mit grünen Plätzen *(squares)* und schönen georgianischen Residenzen zeugen mit blauen Gedenktafeln von illustren Ex-Bewohnern. Heute ist das Viertel geprägt von der University of London und dem British Museum, angefüllt mit kulturhistorischen Schätzen. Nördlich wird Bloomsbury von den großen historischen Kopfbahnhöfen begrenzt: von St Pancras und King's Cross und einem umgestalteten Bahngelände, das sich in den letzten Jahren vom Industriestandort zum lebendigen Szene-Spot entwickelt hat.

23 ALL SAINTS

Schräg gegenüber vom buddhistischen Fo Guang Shan Temple findest du das Kontrastprogramm dazu: die Kirche mit der extravagantesten Innenausstattung Londons. Die geometrischen Mosaiken, farbigen Fliesen, verspielten Säulen und Weihrauchwolken sind Ausdruck des anglokatholischen High-Church-Stilempfindens. Die Fassade schmücken schwarz-rote

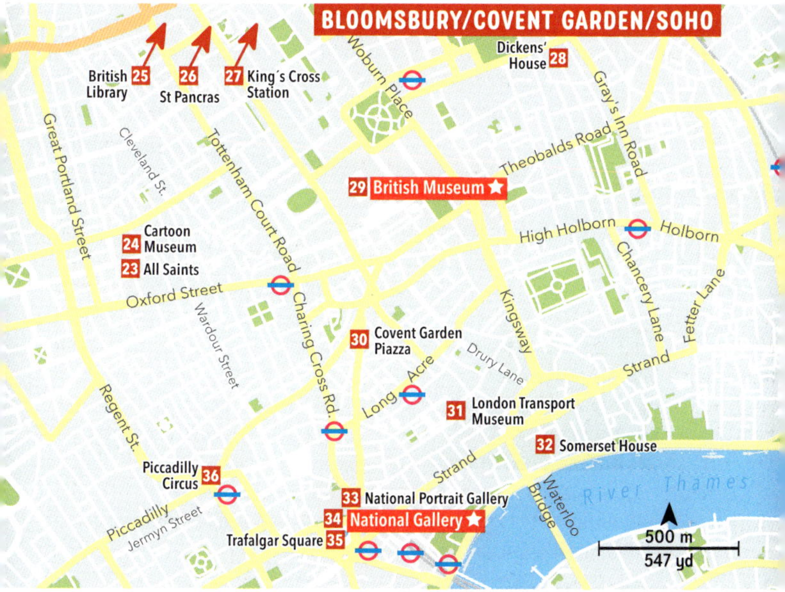

Ziegelmuster. *Tgl. 11–19 Uhr | 7 Margaret Street | asms.uk | U-Bahn Bakerloo, Central, Victoria: Oxford Circus | Fitzrovia | H5*

24 CARTOON MUSEUM

Die Briten haben den Cartoon als Kunstform erfunden, 2006 eröffnete das erste ihm gewidmete Museum des Landes. Liebhaber britischer Cartoons, Comics und Karikaturen kommen hier auf ihre Kosten. Die Bibliothek umfasst um die 9000 Bücher und Comics. Regelmäßige Themenausstellungen und der Museumsshop laden zum Besuch ein. *Di, Mi, Fr–So 10.30–17.30, Do bis 20 Uhr | £ 8,50 | 63 Wells Street | cartoonmuseum.org | U-Bahn Central, Bakerloo, Victoria: Oxford Circus | Fitzrovia | 1 Std. | H5*

25 BRITISH LIBRARY

Schlaraffenland für Leseratten: Die Nationalbibliothek archiviert ein Exemplar von jedem in Großbritannien veröffentlichen Buchtitel; mit über 170 Mio. Werken platzt der umstrittene Bau von 1997 so langsam aus allen Nähten. Dem Publikum zugänglich ist unter anderem die *Sir John Ritblat Gallery (Eintritt frei)* mit wertvollen Manuskripten wie dem Buch von Lindisfarne (8. Jh.), zwei Originalen der Magna Carta von 1215, den Notiz- und Tagebüchern von Leonardo da Vinci und den Beatles-Songtexten. Beeindruckend ist der gläserne Turm mit der Bibliothek von King George III. direkt neben dem Café. *Mo–Do 9.30–20, Fr 9.30–18, Sa 9.30–17,*

INSIDER-TIPP
Königliche Bücherwand

So 11–17 Uhr | 96 Euston Road | bl.uk | U-Bahn: King's Cross/St Pancras | Bloomsbury | ⏱ 1–2 Std. | 🕮 J 2–3

26 ST PANCRAS

Eine tolle Fassade besitzt George Gilbert Scotts neogotisches *Midland Grand Hotel* (von 1873 bis zu seiner Schließung 1935), ein verspielter, spätviktorianischer Backsteinbau mit Terrakottabänderung und Spitzbögen, Türmchen, Erkern und Schornsteinköpfen vor der St-Pancras-Bahnhofshalle. Im Jahr 2011 wurde es nach aufwändigen Umbauarbeiten als *Renaissance St Pancras* wiedereröffnet. Unterm riesigen Bogendach des Bahnhofs kommt der *Eurostar* an, nur 30 Min. nachdem der Zug bei Folkestone den Kanaltunnel verlassen hat. Unter der berühmten Bahnhofsuhr türmt sich die 9 m hohe Bronzestatue eines küssenden Pärchens. Drumherum locken Cafés, Boutiquen und Europas längste Champagnerbar. *stpancras.com | U-Bahn King's Cross/St Pancras | Bloomsbury | 🕮 J2*

27 KING'S CROSS STATION

„Abfahrt des Zuges auf Gleis 9 ¾!" Dem Weg zum Hogwarts Express, mit dem Zauberlehrling Harry Potter ins Internat fährt, ist eine Installation in der Schalterhalle gewidmet: Den halb in der Wand verschwundenen Gepäckwagen dürft ihr „anschubsen". Die Halle des zentralen, nach einem nicht mehr existenten Denkmal von King George IV benannten Bahnhofs ist auch sonst ziemlich spektakulär: Ein Geflecht

Spektakulär überkuppelte Piazza: der Great Court des British Museum

aus weißen Stahlstreben stützt ein halbkreisförmiges Glasdach. Nördlich des Bahnhofs pulsiert nach umfangreichen Baumaßnahmen rund um den Granary Square urbanes und studentisches Leben – mit vielen Cafés, Streetfood und Events direkt am Regent's Canal. Nahebei auch das *St Martins College of Art & Design* und der Kulturkomplex *King's Place (kingsplace.co.uk)*, in dem die Zeitung „The Guardian" ihre Büros hat und nahezu täglich Konzerte gegeben werden. Schönes Café direkt am Kanal! *kingscross.co.uk | U-Bahn King's Cross/St Pancras | Bloomsbury | K2*

28 DICKENS' HOUSE

Charles Dickens' (1812–70) viktorianische Bestseller haben das London-Bild dieser Zeit auch außerhalb Englands geprägt. In diesem Haus schrieb der Romancier „Oliver Twist" und „Nicholas Nickleby". Der Besuch vermittelt dir einen Eindruck vom Leben des Autors zur Zeit Queen Victorias. Zu sehen sind alle Räume von der Küche bis zum Dienerzimmer unterm Dach, auch Dickens' Arbeitszimmer mit Erstausgaben, Briefen und Manuskripten, weiterhin ein Hofanzug des Schriftstellers. In das kleine Museumscafé mit Gartenterrasse kommst du auch ohne Eintritt zu bezahlen. *Mi–So 10–17 Uhr | £ 12,50 | Führungen an ausgewählten Terminen £ 15, online buchen! | 48 Doughty Street | dickensmuseum.com | U-Bahn Central: Chancery Lane, Piccadilly: Russell Square | Bloomsbury | L4*

29 BRITISH MUSEUM ★

Das weltberühmte Nationalmuseum ist Londons populärste Attraktion. Der neoklassizistische *Greek-Revival*-Stil des Gebäudes wird innen wunderbar durch den von Norman Foster mit einem gläsernen Zeltdach geschlossenen *Queen Elizabeth II. Great Court* komplementiert. Dieser größte überdachte Innenraum in Europa umfasst das überkuppelte Rondell des berühmten Lesesaals, in dem Karl Marx seinen Bestseller „Das Kapital" schrieb. Da die Fülle der ausgestellten Objekte immens ist, nimmst du am besten eine der auf der Website vorgeschlagenen Highlight-Routen (1 Std. bzw. 3 Std.) durchs Museum. Dabei siehst du die ägyptischen *Rosetta-Stone*-Hieroglyphen, frühzeitliche Brettspiele wie das *Royal Game of Ur* oder die *Lewis*-Schachfiguren, die Schätze der *Sutton-Hoo*-Schiffsbestattung des angelsächsischen Stammesfürsten Redwald (7. Jh.) oder die assyrischen Reliefs mit Szenen einer Löwenjagd. Natürlich gehören auch die Parthenon-Skulpturen zum Rundgang: Die *Elgin Marbles*, Marmorstatuen, Reiterskulpturen und Friese aus dem 5. Jh. v. Chr., wurden von Lord Elgin Anfang des 19. Jhs. vom Athener Parthenon – nun ja – geklaut und nach England verschifft. Athen verlangt sie zurück. *Mo–Do, Sa/So 10–17, Fr 10–20.30 Uhr | Eintritt frei | Multimedia-App im App Store ab £ 1,99 | tgl. 40-minütige Eye-Opener-Führungen; Fr Abend 20-minütige Spotlight-Touren | Great Russell Street | britishmuseum.org | U-Bahn Central,*

Northern: Tottenham Court Road | Bloomsbury | 1,5–3 Std. (oder mehrmals hingehen) | J-K 4-5

30 COVENT GARDEN PIAZZA

Hier treffen sich vor allem an den Wochenenden mehr Touristen als Londoner, aber die kleinen Straßen rund um den alten Obst- und Gemüsemarkt sind auch einfach schön zum Shoppen, Umherschlendern und *people watching*. Straßenkünstler sorgen für kostenlose Unterhaltung, und *St Paul's Church* ist die Kirche der Schauspieler, auch bekannt als „Actors' Church", mit Gedenksteinen für Charlie Chaplin und Boris Karloff. *U-Bahn Piccadilly: Covent Garden | Covent Garden | K6*

31 LONDON TRANSPORT MUSEUM

Willst du wissen, wie sich die Londoner im Laufe der Jahrhunderte fortbewegt haben? Das Museum geht dieser Frage nach und zeigt Exponate vom „Pferdebus" über die erste U-Bahn bis hin zum modernen, neuen Design-Doppeldeckerbus. Kinderfreundlich und interaktiv: In einige Bahnen kann man einsteigen und im Simulator die U-Bahn steuern. Für kleine Kinder gibt es den Spielbereich *All Aboard*.

INSIDER-TIPP Früh übt sich

Hier dürfen die Minis selbst in Uniform Bus fahren oder ein Themseboot steuern. *Tgl. 10–18 Uhr | £ 21, bis 16 J. Eintritt frei | 39 Wellington Street | ltmuseum.co.uk | U-Bahn Piccadilly: Covent Garden | Covent Garden | 1–2 Std. | K6*

32 SOMERSET HOUSE

Erfrischend und eisglatt! Die Wasserfontänen im Innenhof des Museumskomplexes am Themseufer kühlen im Sommer die heiß gelaufenen Füße, im Winter läuft man Schlittschuh. Und sonst? Gibt's Open-Air-Kino und -Konzerte im Sommer, Ausstellungen und Events zu jeder Jahreszeit. Die *Courtauld Gallery* hat nach umfassender Renovierung ihre großartige Kunstsammlung neu ausgestellt, vor allem Impressionisten und Kunst des 20. Jhs., mit Drucken, Skulpturen und Malerei von Manet, Cézanne, van Gogh. *Tgl. 10–18 Uhr | £ 9–11, Sonderausstellungen ab £ 16 | Strand | somersethouse.org.uk, courtauld.ac.uk/gallery | U-Bahn Circle, District: Temple oder Embankment | Covent Garden | L6*

33 NATIONAL PORTRAIT GALLERY

Die unterhaltsame Art, sich britischer Geschichte zu nähern: Porträts aus 500 Jahren, von Tudor-Königin Elizabeth I. und dem einzigen bekannten Bild William Shakespeares zu aktuellen Porträts der Windsors und anderer VIPs – Gemälde, Zeichnungen, Fotos, Skulpturen. Einen tollen Blick über Trafalgar Square, Whitehall und die Houses of Parliament bietet das *Portrait Restaurant*. Nach gründlicher Renovierung verspricht das Museum zur Wiedereröffnung im Frühjahr 2023 eine umfassende Neugestaltung der Sammlung. *Eintritt frei | 2 St Martin's Place | npg.org.uk | U-Bahn Bakerloo, Northern: Charing Cross | Westminster | 2–3 Std. | J6*

Kein London-Besuch ohne Trafalgar Square

34 NATIONAL GALLERY ★

1838 wurde der mächtige Bau mit dem Säulenportikus am Trafalgar Square fertiggestellt. Er beherbergt heute eine der weltweit bedeutendsten Sammlungen alter europäischer Meister (1250–1900). Berühmte Werke, die du auf keinen Fall verpassen solltest, sind Jan Van Eycks „The Arnolfini Wedding", John Constables „The Hay Wain", da Vincis „Felsgrottenmadonna" und van Goghs „Sonnenblumen". Orientierung geben *floor plan* und Führungen. Regelmäßig werden Vorträge und Workshops abgehalten, bei „Friday Lates", ab 18.30 Uhr. *Tgl. 10–18, Fr bis 21 Uhr | tgl. Gratisführungen, Termine s. Website | Eintritt frei, Zeitfenster vorbuchen | Trafalgar Square | nationalgallery.org.uk | U-Bahn Bakerloo, Northern: Charing Cross | Westminster | ⏲ mind. 2–3 Std. |* *J6*

35 TRAFALGAR SQUARE

Mit der 50 m hohen *Nelson's Column*, Löwenspringbrunnen und Reiterstandbildern das eigentliche Herzstück Londons. Das Reiterstandbild von Charles I. markiert auf einer Verkehrsinsel an der Südseite des Platzes die geografische Mitte Londons. Der Platz wurde nach der Seeschlacht gegen die französisch-spanische Flotte benannt, die Admiral Nelson im Augenblick des Sieges das Leben kostete. Die Kirche *St-Martin-in-the-Fields (Do–Mo 9–17, Di 12–17, Mi 12–20.30 Uhr | stmartin-in-the-fields.org)* bietet Lunchtime-Konzerte *(£ 10,*

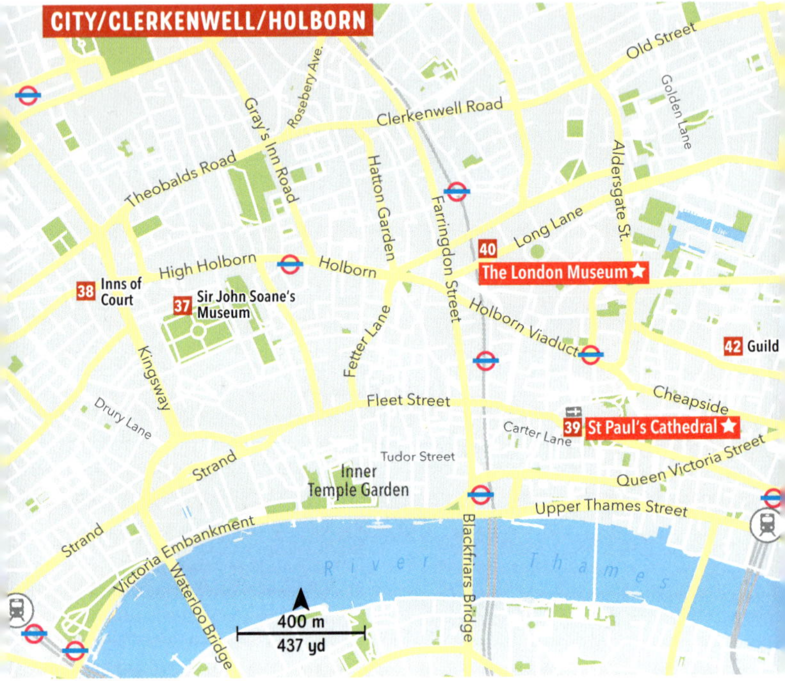

INSIDER-TIPP Grenzwanderung

Fr 13 Uhr). Per App spazierst du 1½ Std. rund um die Gemeindegrenze von St Martin's, hörst dabei Musik und Historisches. Im *Café in the Crypt* gibt's Gratis-Kunstausstellungen und jeden Mittwoch Musik oder Kabarett ab 19 Uhr. *U-Bahn Bakerloo, Northern: Charing Cross* | *Westminster* | *J7*

36 PICCADILLY CIRCUS

Beliebter, quirliger Treffpunkt unter riesigen Leuchtreklamen: Im Zentrum steht die schlanke Eros-Statue, aufgestellt 1892 zum Gedenken an die menschenfreundlichen Taten von Lord Shaftesbury. Der Engel mit dem Pfeil symbolisiert christliche Nächstenliebe. *U-Bahn Bakerloo, Piccadilly: Piccadilly Circus* | *Soho* | *J6*

CITY/CLERKENWELL/HOLBORN

Das Pendant zur Politik in Westminster ist die City of London. Auf der „Square Mile", wo die Römer vor 2000 Jahren Londinium gründeten, sind heute Großbanken und Versicherungen angesiedelt.

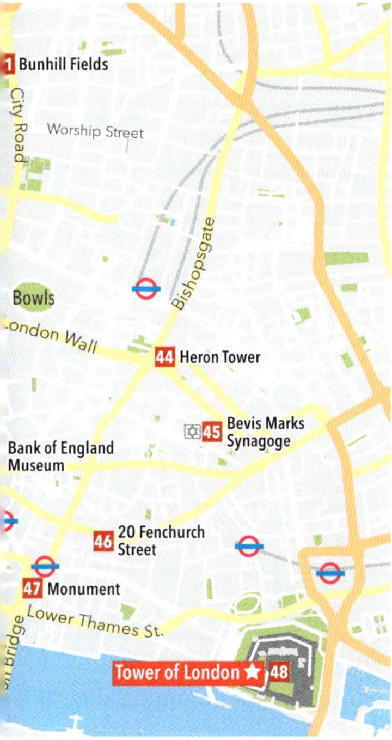

Der Brexit und Corona haben das Bild der City verändert. Auf den Straßen ist es mittags weniger wuselig als zuvor, denn viele Angestellte arbeiten auch nach der Pandemie im Homeoffice. Die Banken haben in Reaktion auf den EU-Austritt Dependancen nach Paris, Dublin oder Frankfurt verlagert und wegen der Visaauflagen sind Nachwuchsbanker aus der EU schwierig zu bekommen. Dennoch bleibt London ein wichtiger Handelsplatz mit hohen Umsätzen.

Aus der sich ständig verändernden Skyline der City ragt eine Kathedrale ganz besonders empor: St Paul's Cathedral. Nach dem Großen Feuer von 1666 bekam Architekt Sir Christopher Wren den Auftrag, die Kirche wiederaufzubauen. Mit dem Kuppelbau schuf er ein Wahrzeichen der Stadt.

Der östliche Rand der City wurde in den letzten Jahrzehnten durch Künstler und Krawattenträger auf der Suche nach bezahlbarer Wohn- und Atelierfläche geprägt und revitalisiert. Ähnliches geschah nordwestlich der City, wo sich im ehemaligen Druckerei- und Schmuckviertel Clerkenwell trendige Clubs und Bars, Designer und Restaurants angesiedelt haben. Südlich der alten Medienmeile Fleet Street, um die Gerichtshöfe von Holborn, regiert der britische Justizapparat, geben die verwinkelten Innenhöfe, Gassen und gepflegten Rasenflächen der Temples und viktorianische Pubs Einblicke ins London des 18. Jhs.

37 SIR JOHN SOANE'S MUSEUM

Ein Haus mit knarzenden Dielen, bis zur Decke voll mit Skulpturen, Medaillen, Kuriositäten. Diese Schatzkammer ist Resultat der Sammelleidenschaft von Sir John Soane (1753–1837). Der Maurersohn und Architekt der Bank of England verfügte, dass nach seinem Tod nichts verändert werden durfte. Daran hielten sich die Kuratoren nicht immer. Nun, nach langer Renovierung, sind viele Originalräume wieder zugänglich: Bewundere die Architekturmodelle im Arbeitsraum, einen ägyptischen Sarkophag, den Bilderzyklus „A Rake's Progress" von Hogarth sowie Architekturzeichnungen. Tgl. bekommst du eine kostenfreie 30-minütige *Private Apartments Tour (14 Uhr). Mi–So 10–17 Uhr, 75-minü-*

tige Highlight-Führung Mi–So 12 Uhr, £ 16, vorher buchen | Eintritt frei, auch bei Sonderausstellungen | 13 Lincoln's Inn Fields | soane.org | U-Bahn Central, Piccadilly: Holborn | Holborn | 1,5–2 Std. | L5

38 INNS OF COURT

Um die vier Inns of Court entwickelte sich im Mittelalter das englische *common law*-Recht. Vor allem im Temple-Bezirk fühlst du dich um Jahrhunderte zurückversetzt, wenn du in versteckten kleinen Gassen zwischen spitzgiebeligen Halls und Rasenflächen entlangläufst. In den Inns werden Eliteanwälte ausgebildet. Alle spezialisierten Rechtsanwälte *(barristers*, im Gegensatz zu *solicitors*: Notare*)* gehören einem der Inns an und müssen mindestens zwölf Dinner dort eingenommen haben! *Lincoln's Inns Old Hall* (15. Jh.) hat die Bombardements des Zweiten Weltkriegs heil überstanden; *Temple Church (Mo–Fr 10–16 Uhr | £ 5 | templechurch.com | L5)* von 1185 ist Londons einzige erhaltene Rundkirche. Die Konstruktion entstand in Anlehnung an die Grabeskirche in Jerusalem und war im 12. Jh. die Kirche der Tempelritter. Mittwochs um 18 Uhr Evensong, an ausgewählten Terminen (s. Website). *U-Bahn Central: Holborn | Holborn/City | K5*

INSIDER-TIPP
Zeitlose Aura

39 ST PAUL'S CATHEDRAL ★

Eine dem Hl. Paulus gewidmete Kirche steht hier seit 604, und als der Vorgänger der aktuellen Kirche, die gotische Old St Paul's, 1666 niederbrannte, war die Stunde für Christopher Wrens Meisterwerk gekommen. Der Schlussstein wurde 1711 gesetzt, in der Regierungszeit von Queen Anne, deren Statue vor der mächtigen, von barocken Doppeltürmen flankierten Westfront St Paul's den Rücken zudreht. Im Zweiten Weltkrieg wurde St Paul's bleigedeckte Kuppel im Kreuzfeuer der Luftangriffe zum Symbol für Londons Widerstandsfähigkeit. In der Krypta liegen die britischen Helden General Wellington und Admiral Nelson begraben. Vom südlichen Seitenschiff aus geht es an Trompe-l'œil-Fresken vorbei nach oben. Flüstere auf der *Whispering Gallery* an die Wand, und auf der gegenüberliegenden Seite, über 30 m entfernt, kann man dich verstehen – theoretisch, denn ihr werdet nicht die Einzigen sein, die das ausprobieren. Von der obersten *Golden Gallery* hast du einen tollen Blick auf die Stadt. Der Besuch des *Choral Evensong (Mo–Sa 17, So 15 Uhr)* ist gratis. *Mo/Di, Do–Sa 8.30–16, Mi 10–16 Uhr | £ 21, online £ 18 (inkl. Multimediaguide und 60-minütiger Führung 11–13 Uhr) | Achtung: Große Taschen sind nicht erlaubt! | So nur Gottesdienste | stpauls.co.uk | U-Bahn Central: St Paul's | City | 2 Std. | N5*

40 THE LONDON MUSEUM ★

Es war einmal: Die Römer gründeten Londinium, die Angelsachsen eroberten es als Lundenburgh. Die Pest und das *Great Fire of London* beherrschten die Stadt ebenso wie Königin Victoria. Hier werden dir aber keine Märchen erzählt, stattdessen wird Londons 2000-jährige Geschichte lebendig gemacht: Rühre in einem angelsächsischen Kochtopf, erfahre, welches Streetfood im Mittelalter angesagt war, lustwandele durch einen *pleasure garden* oder flaniere durch eine Ladenstraße gestaltet wie zu Queen Victorias Zeiten, mit Porzellan- und Spielzeuggeschäften, düsterem Pub samt öffentlicher Toilette, einem Barbier, Maßschneider und Kaufhaus. Nicht zu vergessen: die vergoldete Kutsche des Lord Mayor der City. Ab 2023 vergrößert sich das Museum durch den Umzug in die ehemaligen Markthallen West Smithfield und kann mehr Artefakte zeigen. Die Neueröffnung mit längeren Öffnungszeiten ist für 2025 geplant. *Aktuelle Informationen unter museumoflondon.org.uk | West Smithfield Market, Eingang West Poultry Avenue | U-Bahn Circle, Hammersmith & City, Metropolitan: Farringdon | City | mind. 2 Std. | M5*

41 BUNHILL FIELDS

Eine grüne Oase, die beliebt ist für Mittagspausen. Geweiht wurde das Massengrab für die Opfer der Londoner Pestepidemien *(bone hill* = Knochenhügel) allerdings nie. Bis zur Schließung des Friedhofs im 19. Jh. fanden hauptsächlich religiöse Nonkonformisten, Quäker und Methodisten hier eine letzte Ruhestätte: z. B. der Dichter und Maler William Blake (1757–1827) und der Autor des Ro-

Übermittelt geflüsterte Botschaften: die Whispering Gallery in der St Paul's Cathedral

mans „Robinson Crusoe", Daniel Defoe (1661–1731). *April–Sept. Mo–Fr 8–19, Okt.–März bis 16, Sa/So 9.30–19, im Winter bis 16 Uhr | Führungen April–Okt. Mi 11 Uhr, Start: Attendant's Hut im Garten, £ 12, buchen: citygardenwalks.com | cityoflondon.gov.uk | 38 City Road | U-Bahn Northern: Old Street | Clerkenwell | O3–4*

42 GUILDHALL

„Domine dirige nos" (Herr, leite uns), das Motto der City, prangt über dem Hauptportal des Londoner Rathauses, das seit dem 12. Jh. der offizielle Verwaltungsitz der City of London ist und einen eigenen Lord Mayor hat. Die schöne, nie überlaufene Kunstgalerie bietet repräsentative Londoner Szenen, und in der mittelalterlichen Krypta sind die faszinierenden, clever illuminierten Reste des römischen Amphitheaters zu sehen. *Tgl. 10.30–16 Uhr | Eintritt frei | Di, Fr–So 12.15 und 13.15 Uhr Gratistour zu den Highlights (30–45 Min.) | Guildhall Yard | Gresham Street | cityoflondon.gov.uk | U-Bahn: Moorgate | City | N–O5*

43 BANK OF ENGLAND MUSEUM

Spiel doch mal Devisenhändler, untersuch Banknoten auf ihre Echtheit, oder stemme einen Goldbarren! Das elegante Museum erzählt die Geschichte der Nationalbank, zeigt alle britischen Geldscheine, die je im Umlauf waren, sowie Fälschungen. *Mo–Fr 10–17 Uhr | Eintritt frei | Bartholomew Lane | bankofengland.co.uk/museum | U-Bahn Bank | City | 1 Std. | O5*

44 HERON TOWER

Schwindelfrei solltest du schon sein, wenn du dich mit dem gläsernen Aufzug in den 40. Stock des *Heron Tower* beamst. Hast du im *Duck & Waffle (tgl. | duckandwaffle.com | €€–€€€)* einen Tisch reserviert, schaust du von der Tischkante hinab auf ein Spielzeug-London und eine glitzernde Welt neuer Hochhäuser, die in den letzten 10 Jahren hier meist für Büros errichtet wurden. *110 Bishopsgate | U-Bahn Metropolitan: Liverpool Street | City | P5*

45 BEVIS MARKS SYNAGOGE

Welche Bedeutung haben die sieben Kronleuchter, welche die Bänke aus der Zeit Oliver Cromwells und warum bleibt ein Sitz immer abgesperrt? Die Antworten gibt eine Führung durch die älteste Synagoge des Landes, erbaut 1701 von sephardischen Juden aus Spanien und Portugal, die vor der Inquisition flohen. Königin Victorias Premier Benjamin Disraeli (1804–81) ging hier zur Synagoge, bis er mit 12 Jahren zum Anglikanismus konvertierte. *Mo, Mi/Do 10.30–14, Di, Fr 10.30–13, So 10.30–12.30 Uhr, an jüdischen Feiertagen geschl. | £ 5 | Führungen: Mi, Fr 11.30, So 11 Uhr | Bevis Marks | bevismarks.org.uk | U-Bahn: Liverpool St | City | 1 Std. | P5*

46 20 FENCHURCH STREET

Zwischen Fenchurch Street und Eastcheap sticht das nach oben auskragende, von Rafael Viñoly entworfene Hochhaus *20 Fenchurch Street* (160 m) ins Auge, das schon kurz

Die Aussicht vom Skygarden ist nicht nur zum Sonnenuntergang fantastisch

nach Fertigstellung seinen Spitznamen weg hatte: „Walkie-Talkie“. Mit einem kostenlosen Ticket (nur vorgebucht!) geht's flugs hinauf in den tropisch bepflanzten *Skygarden (skygarden.london)* und dann ran an die Scheibe und nur noch staunen: Wow, was für ein Blick! *20 Fenchurch Street | U-Bahn Circle, District: Monument | City |* 🕮 *06*

47 MONUMENT

Einen Superblick hast du von der größten frei stehenden Steinsäule der Welt, entworfen 1666 von Christopher Wren zum Gedenken an das Great Fire of London. Der Länge nach würde sie 62 m bis zu jener Bäckerei in Pudding Lane reichen, wo das Feuer begann. Am Ausgang bekommst du eine „Gipfel-Urkunde“, wenn du die 311 Stufen bewältigt hast. *Sa, So und in den Schulferien 9.30–13, 14–18 Uhr | £ 5,80 | Fish Street Hill | themonument.org.uk | U-Bahn District, Circle: Monument | City |* ⏲ *45 Min. |* 🕮 *06*

48 TOWER OF LONDON ★

Die Keimzelle des alten London ist ein faszinierender Komplex mit 900-jähriger Geschichte u. a. als königliche Residenz, Gefängnis, Waffenlager, Münzprägestätte und Aufbewahrungsort für die Kronjuwelen. Herzstück der Unesco-Welterbestätte ist der *White Tower*, begonnen 1076, zur Zeit Williams des Eroberers; hier siehst du die Rüstung Heinrichs VIII. und die normannische *Chapel of St John* (1080), den ältesten erhaltenen Sakralbau der Stadt. Illustre Gefangene wie Sir Walter Raleigh und Lady Jane Grey wurden auf der Themseseite durchs *Traitors' Gate*, das „Verrätertor", in den Tower gebracht. Im *Bloody Tower* ließ der berüchtigte Duke of Gloucester, der spätere König Richard III., seine beiden Neffen, zehn und zwölf Jahre alt, einsperren: „zu ihrer eigenen Sicherheit". Ob er sie auch ermorden ließ, ist ungeklärt. Im *Jewel Tower* trägt dich ein Förderband zügig an den Kronjuwelen vorbei: u. a. an der Krone der 2002 verstorbenen Queen Mum mit dem Koh-i-Noor-Diamanten und an der *Punch-Bowl*-Schale (235 kg).

Komm am besten früh, bevor sich der Zauber in der Touristenmenge verflüchtigt, und schließ dich einer *Beefeater*-Führung an (alle 30 Min.). Die „Fleischesser" sind die traditionell privilegierten Tower-Wächter; 2007 wurde erstmals in der 500-jährigen Geschichte eine Frau in den Dienst aufgenommen.

Die Flügel der Raben sind gestutzt, denn wenn die Raben den Tower verlassen, so die Legende, fällt die Monarchie. Ein Denkmal erinnert an die im Tower Hingerichteten, zuletzt ein deutscher Kriegsgefangener 1941. *März–Mitte Sept. tgl. 9–17.30, Mitte Sept.–Okt. So/Mo erst ab 10, Nov.–Feb. Di–Sa 9–16.30, So/Mo erst ab 10 Uhr | £ 29,90 | Audioguide (auch dt.) £ 5 | hrp.org.uk | U-Bahn Circle, District: Tower Hill | City | 3–4 Std. | P6*

HOCHHÄUSER IN DER CITY

Was haben eine Gurke und eine Käsereibe in der City zu suchen? Das sind nur einige der Spitznamen der dicht gedrängt stehenden gläsernen Hochhäuser. Norman Fosters 180 m hohe „Gurke" – *The Gherkin,* offiziell *Swiss Re Building (30 St Mary Axe)* –, wurde 2004 anstelle des von der IRA zerstörten *Baltic-Exchange*-Gebäudes erbaut. Besichtigen kann man den Büroturm nicht, aber im oberen Stockwerk in *Searcys Iris Bar* bei Sonnenuntergang Cocktails schlürfen *(Di/Mi 17–21, Do–Sa 16–21.30 Uhr | Reservierung £ 15, wird mit den Drinks verrechnet | searcysatthegherkin.co.uk).* Das auch als „Käsereibe" bezeichnete *Leadenhall Building (122 Leadenhall Street)*

INSIDER-TIPP
High Level Drink

Wer keine Höhenangst hat, genießt den Rundumblick vom London Eye

(225 m) schräg gegenüber gibt es nur in der Außenansicht. Seit 2020 wird es vom 278 m hohen *Twentytwo Tower (22 Bishopsgate)* überragt. Fast klein wirkt dagegen das *Lloyd's Building (1 Lime Street/Ecke Leadenhall Street)* gegenüber. Für den Hauptsitz des traditionsreichen Versicherungsunternehmens wandte Richard Rogers 1986 die Stilprinzipien des Centre Pompidou in Paris an und kehrte das Innenleben – Rohre, Lüftungsschächte, Aufzüge – nach außen. Gegenüber entstand bis 2018 *The Scalpel (2–54 Lime Street),* ein weiterer Versicherungsbau. Das „Skalpell" überragt mit 192 m Norman Fosters gestuftes *Willis Building* nebenan. *U-Bahn Circle, District: Monument oder Metropolitan: Aldgate/Liverpool Street* | *City* | *P5*

SOUTH BANK/ SOUTHWARK/ BANKSIDE/ LAMBETH

Armer Süden – reicher Norden? Nicht mehr ganz. Das Südufer der Themse verliert sein „armes" Image und hat dem Nordufer Einiges an Attraktivität entgegenzusetzen.

Wenn du heute am Südufer der Themse entlangbummelst, einen Kaffee oder ein Pint trinkst, dich im Riesenrad London Eye in die Höhe tragen lässt oder in Tate Modern der modernen Kunst frönst, ist es kaum noch vorstellbar, dass das Südufer einmal als die arme Seite Londons galt: zu Shakespeares Zeiten die sündige Meile mit Glücksspiel und Prostitution, später der Platz für Industriebauten und in den 1950er-Jahren für Kultureinrichtungen – immer mit dem Blick auf das gut situierte Nordufer mit Parlament, Regierung und imposanten Gebäuden. Um den Jahrtausendwechsel kam der große Umschwung: Shakespeare's Globe Theatre erstand wieder auf, die Bankside Power Station wurde zum Kunstmuseum Tate Modern umgebaut, Millenium Bridge, London Eye, Sea Life Aquarium, Designerbüros, Galerien, Cafés, Pubs und Restaurants und das spektakuläre Hochhaus „The Shard" folgten. Eine Vergnügungs- und Ausgehmeile entstand. Südlich des Uferbereichs, in Stadtteilen wie Bermondsey, hat sich die *gentrification* weiter fortgesetzt. Junge Kreative finden Locations, um ihre Ideen von Biomärkten und Werkstätten umzusetzen. Was einerseits die Wirtschaft ankurbelt, verdrängt andererseits ärmere Anwohner, wenn die Haus- und Mietpreise steigen. Auch südlich in Peckham ist diese Entwicklung im Gang.

The Shard, Wahrzeichen Londons, auf Schritt und Tritt erkennbar

49 TOWER BRIDGE ★

Die neogotischen Doppeltürme der Brücke (1894) sind neben Big Ben und St Paul's Cathedral das bekannteste Wahrzeichen Londons. Die *Tower Bridge Exhibition* (Zugang vom Nordturm) führt dich in den viktorianischen Maschinenraum mit den originalen Dampfmotoren. Grandios ist die Aussicht von den verglasten Fußgänger-Walkways in der Höhe, besonders wenn tief unter deinen Fußsohlen die Brückenteile aufgeklappt werden *(Zeiten s. Website). Tgl. 9.30–17 Uhr | £ 11,40, vorbuchen | towerbridge.org.uk | U-Bahn Circle, District: Tower Hill | City/Southwark | P–Q 6–7*

50 CITY HALL

Fast 20 Jahre (bis Ende 2021) lenkte der Londoner Bürgermeister von hier die Geschicke der Stadt, bevor die Stadtverwaltung nach Newham umzog. Norman Fosters gläsernes, eiförmiges Gebäude ist schon von außen sehenswert. Es lehnt sich von der Themse weg und verbraucht dank eines ausgeklügelten ökologischen

Kühlsystems nur ein Viertel der Energie eines normalen Bürohauses dieser Größe. Wie der Bau zukünftig genutzt wird, ist noch offen. *The Queen's Walk | U-Bahn Jubilee, Northern: London Bridge | Southwark | P7*

51 THE SHARD

Seit gut zehn Jahren reckt sich die „Scherbe" mit 310 m am Südufer in den Londoner Himmel. Highspeed-Aufzüge bringen dich auf die Aussichtsplattformen mit 360°-Rundumblick und aufs Rooftop, und dann wow, dieser Blick! Du kannst die Aussicht auch mit DJ-Party buchen *(ausgesuchte Freitage ab 20 Uhr, ab £ 19 | vorbuchen). April–Juli Mi–So 14–22, Aug. tgl. 14–22, Sept–März Mi–Fr, So 11–19, Sa 13–21 Uhr | £ 28 | große Taschen nicht erlaubt! | St Thomas Street | theviewfromtheshard.com | U-Bahn Northern, Jubilee: London Bridge | Southwark | O7*

INSIDER-TIPP
Weekend-Warmup auf dem Rooftop

52 SHAKESPEARE'S GLOBE THEATRE

William Shakespeare tummelte sich hier Ende des 16. Jh. In dem achteckigen Open-Air-Theater wurden seine Stücke aufgeführt, bis es niederbrannte und abgerissen wurde. Ende der 1990er-Jahre baute man es an gleicher Stelle wieder auf. Und so kann, wer will, Shakespeares Theaterluft unter freiem Himmel schnuppern *(Mo–Fr 11–18, Sa/So ab10 Uhr)* oder an einer Führung (50 Min.) teilnehmen *(Mai–Okt. tgl. 10–16 Uhr, Dez.-April nur Mi–So, alle 30 Min., vorbuchen! | £ 17 | keine Schirme, keine Fotoapparate, nicht während der Vorstellungen | Infos: Tel. 020 79 02 14 00).* Kerzenschein beleuchtet die Aufführungen im *Sam Wanamaker Playhouse (£ 5 (Stehkarten) bis £ 62 | 21 New Globe Walk | Tel. 020 74 01 99 19 | shakespearesglobe.com | U-Bahn Circle, District: Mansion House, Northern, Jubilee, Züge: London Bridge | Bankside | N6*

53 MILLENNIUM BRIDGE

Der erste Brückenneubau über die Themse seit über hundert Jahren verbindet nun zwei Londoner Wahrzeichen: St Paul's Cathedral und Tate Modern. Design-Vorbild für die 325 m lange filigrane Fußgängerbrücke aus Stahl, entworfen von Norman Foster und Bildhauer Anthony Caro, war ein Lichtstrahl. Leider erst kurz nach der Eröffnung 2000 stellte sich heraus, dass die Statik mit dem Besucheransturm nicht fertig wurde: Die Brücke geriet ins Schwanken. Die stolze Summe von £ 5 Mio. kostete die notwendige Nachrüstung mit einem neuen Stoßdämpfersystem. *U-Bahn Central: St Pauls's, Circle, District: Blackfriars | Bankside/City | N6*

54 TATE MODERN ★

Der Star am Londoner Museumshimmel ist das weltweit größte Museum für zeitgenössische Kunst. Seit der riesige Backsteinbau an der Themse im Jahr 2000 eröffnet wurde, hat das Museum vor allem mit aufsehenerregenden Installationen und Projekten in der Turbinenhalle Furore gemacht, mit Werken von Künstlern wie Anish

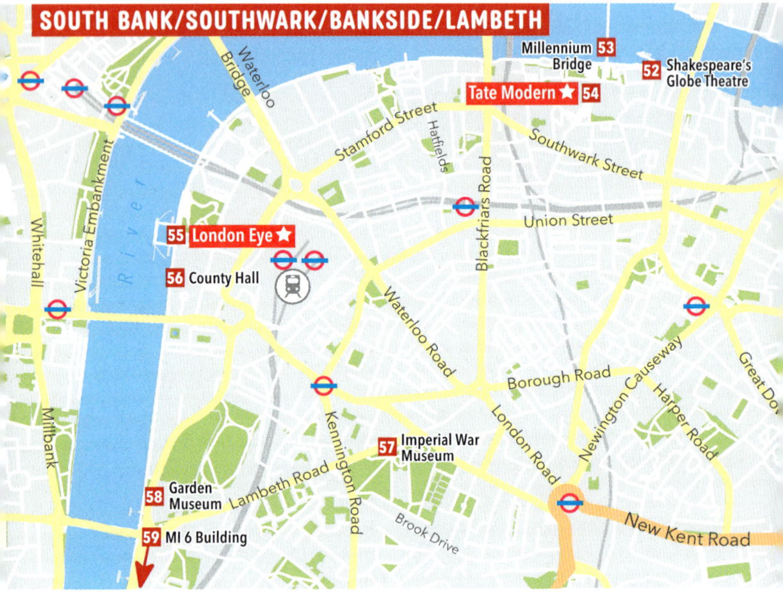

Kapoor, Louise Bourgeois oder Ai Weiwei. Die Schweizer Architekten Herzog & de Meuron, die den Umbau des Kraftwerks damals planten, entwickelten auch den neuen pyramidenförmigen Erweiterungsbau *Blavatnik Building*. Wer sich zu den Installationen in den unteren Tanks vorwagt, nimmt noch den Ölgeruch wahr. Gewonnen hat das Museum nicht nur 60 Prozent mehr Ausstellungsfläche, sondern vor allem einen grandiosen kostenlosen Blick vom 10. Stock auf die Stadt. Tolle Museumsshops, Espresso Bar, Kitchen & Bar, Gratis-App fürs Handy. *Tgl. 10–18 Uhr | Eintritt frei | ca. 45-minütige Gratisführung tgl. 12, 13 und 14 Uhr | 53 Bankside | tate.org.uk | U-Bahn Jubilee: Southwark; Circle, District: Blackfriars; Central: St Paul's oder Tate Boat von der Tate Britain | Bankside | mind. 2 Std. | N7*

INSIDER-TIPP
Prima Panorama

55 LONDON EYE ★

Die Attraktion, es sei denn, man hat Höhenangst! Das derzeit höchste Riesenrad Europas (135 m) steht am Ufer der Themse. Der Blick aus den fast rundum verglasten Kapseln, die 25 Passagiere fassen, ist unschlagbar; an klaren Tagen kannst du kilometerweit sehen, abends romantisch über den Lichtern der Stadt schweben. Mit dem Champagne-Experience-Ticket (£ 55) fährst du die Runde mit einem Glas „Prickelwasser". Rabatte ergatterst du mit Kombitickets, z. B. wenn du eine Bootsfahrt auf der Themse oder einen Besuch bei Madame Tussauds mitbuchst. *Tgl. 11–18 Uhr | £ 36, on-*

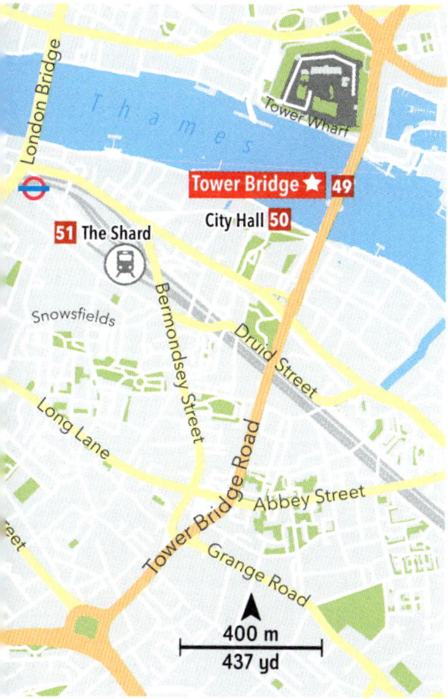

line ab £ 32,50, Familienticket ab £ 26 pro Pers., Fast-Track-Ticket zur Umgehung der Warteschlange £ 51, online ab £ 46 | londoneye.com | U-Bahn Circle, District: Westminster/Jubilee: Waterloo | South Bank | 30 Min. Fahrt plus Wartezeit | K–L7

56 COUNTY HALL

Hier locken gleich mehrere Attraktionen für Kinder, sodass man bei schlechtem Wetter den ganzen Tag bleiben kann und mit vorgebuchtem Kombiticket spart. Im *Sea Life London Aquarium (tgl. 10–16 Uhr, ausgesuchte Tage bis 17 bzw. 18 Uhr | £ 32, online £ 29 | visitsealife.com/london | 1,5–2 Std.)* stehst du Auge in Auge Nemo, Haien, Pinguinen, Piranhas, Krokodilen und Riesenspinnen gegenüber. Eine Reise mit dem magischen Bus, der Besuch der Kneipe „Zum giftigen Apfel" und anderes mehr führt in die Welt von *Shrek's Adventure (Mo–Fr 10–15, Sa/So 10–16 Uhr | £ 30, online ab £ 24, | shreksadventure.com/london | 1,5 Std.)* mit vielen Special Effects.

Größere Kinder (ab 12 J.) wird das Gruseln gelehrt in *The London Dungeon (Mo–Fr 11–16, Sa 10–17, So 10–16 Uhr, im Sommer länger | £ 31, online £ 28 | thedungeons.com/london | 2 Std.)* – ab ins schaurige Mittelalter oder zum mysteriösen Serienmörder Jack the Ripper. *Westminster Bridge Road | Circle, District: Westminster, oder Jubilee: Waterloo | South Bank | K–L7–8*

57 IMPERIAL WAR MUSEUM

Die Kanonen im Garten sind aufs Eingangsportal gerichtet und sollen den Besucher daran erinnern, wie schrecklich Krieg ist. Dennoch wird hier allerhand militärisches Gerät aufgefahren. Spitfire- und Doppeldecker-Flugzeuge baumeln von Norman Fosters Atriumdach; T34-Panzer, V2-Rakete und Militärfahrzeuge zeugen von zwei verheerenden Weltkriegen. In weiteren Galerien werden die menschlichen Aspekte vermittelt: So bekommst du einen Eindruck vom Truppenleben und vom Alltag der Bevölkerung während der Bombardierung Londons im Zweiten Weltkrieg. Berührende historische Zeugnisse sind Fotos und Briefe von Holocaust-Opfern. *Tgl. 10–18 Uhr | Eintritt frei | Lambeth Road | iwm.org.uk | U-Bahn Bakerloo: Lambeth North | Lambeth | M8–9*

58 GARDEN MUSEUM

Alte Gießkannen und Schubkarren? Nicht nur das, auch andere Besitztümer von Vater und Sohn Tradescant sind in der St-Mary-at-Lambeth-Kirche versammelt. Die königlichen Gärtner und Botaniker des 16./17. Jhs. wurden hier auch bestattet. Ein Teil der Ausstellung widmet sich ihnen, und die Gärten rundum zeigen einiges von ihrer Gartenkunst. Das nette Café lädt zu einer Pause ein. *Tgl. 10–17 Uhr | Café tgl. 10–17, Di, Fr auch 18–21 Uhr | £ 14, inkl. Zutritt zum Turm mit tollem Blick über Themse und Westminster; Turm ohne Museum £ 4 | gardenmuseum.org.uk | Lambeth Palace Road | U-Bahn Bakerloo: Lambeth North | Lambeth | 1 Std. | K9*

59 MI 6 BUILDING

James-Bond-Fans dürfte der Anblick dieses postmodernen Legoland-Gebäudes ziemlich bekannt vorkommen: Als Filmkulisse diente es in „Die Welt ist nicht genug" (1999), „Stirb an einem anderen Tag" (2002) und in „Skyfall" mit der spektakulären Sprengung (2012); in „Spectre" (2015) zeigte es sich immer noch in zerstörtem Zustand. Und wie im Film befindet sich hier auch im richtigen Leben das Hauptquartier des britischen Auslandsgeheimdienstes. *85 Albert Embankment | U-Bahn Victoria: Vauxhall | Lambeth | K10*

AUSSERDEM SEHENSWERT

60 MADAME TUSSAUD'S ★

Du willst dich wie ein Star auf dem roten Teppich fühlen, zusammen mit Kate Winslet oder Brad Pitt? Oder doch lieber mit George Clooney ku-

Alternativ, bunt und vielfältig: Camden

scheln? Eine Session mit Ed Sheeran spielen oder Backgroundgirl von Dua Lipa sein? Das Wachsfigurenkabinett macht's möglich! *Mo–Fr 10–15, Sa, So 10–16/17 Uhr | £ 37, online £ 33,50 | Fast-Track-Ticket £ 47, online £ 43,50 | Familienticket ab £ 31 pro Pers. | auch Kombitickets mit anderen London-Sehenswürdigkeiten | geeignet ab 15 J. | Marylebone Rd. | madametussauds.com/london | U-Bahn: Bakerloo, Circle, Hammersmith & City: Baker Street | Marylebone | 1,5–2 Std. | F4*

61 SHERLOCK HOLMES MUSEUM

Mit Benedict Cumberbatch wurde eine der berühmtesten literaturischen Figuren ins 21. Jh. transportiert: Sherlock Homes' Haus in Baker Street 221B gibt es nicht, aber im kleinen Museum in Nr. 239 kannst du sein Heim inspizieren, als wären Holmes und Watson nur eben mal kurz außer Haus: Geige, medizinisches Gerät, Pantoffeln etc. liegen herum. *Tgl. 9.30–18 Uhr | £ 16, Kinder 6–16 J. £ 11 | 239 Baker Street | sherlock-holmes.co.uk | U-Bahn: Bakerloo, Circle, Hammersmith & City: Baker Street | Marylebone | 1 Std. | F4*

62 LONDON ZOO

Zu bestaunen gibt es Nilpferde, Giraffen, Fische und Affen. Farbige Routen führen dich durch den Zoo. Folg Blau zu den Gorillas, Pink zu den Giraffen, Orange zu den „Tiny Giants", aber nur wenn du dich nicht vor Krabbeltieren fürchtest. Ein besonderes Erlebnis sind die authentischen Lebensräume für Raubkatzen: ein indonesisches „Tiger Territory" und ein indisches „Land of the Lions". *Tgl. ab 10 Uhr, Schließung 16–18 Uhr je nach Jahreszeit | je nach Tag online ab £ 28, Kinder 3–15 J. ab £ 18 | Regent's Park, Eingänge: Outer Circle, Prince Albert Road, Board Walk | zsl.org/zsl-london-zoo | U-Bahn: Bakerloo, Circle, Hammersmith & City: Baker Street, dann Bus 274 bis Ormonde Terrace (ca. 30 Min. ab Piccadilly); mit dem Boot (ca. 20–40 Min.) von Camden Lock oder Little Venice, mehrmals tgl. (londonwaterbus.com) | 2–3 Std. | Regent's Park | F-G2*

63 CAMDEN

Das alternative Herz der Stadt schlägt in diesem Viertel im Norden und bietet viel für Goths, Punks, Hippies, Rocker und Entdecker: schrille Klamotten auf der *Camden High Street,* Trödel, Antikes und Streetfood in den Markthallen, Pubs, Livemusik, Bars, Clubs, Theater und Performance. Das *Jewish Museum (So–Do 10–17 Uhr, Winter nur Do, So | £ 8 | jewishmuseum.org.uk)*, erzählt die Geschichte der britischen jüdischen Gemeinde und der weltweiten Diaspora und erklärt die Rituale. Cafés und Markt in der Nähe. *camdenmarket.com | U-Bahn Northern: Camden Town | c3-4*

64 HAMPSTEAD

Dieses letzte Überbleibsel des dörflichen London mit einer künstlerischen, exklusiven Atmosphäre bietet eine hübsche High Street und mit dem weitläufigen Landschaftspark *Hampstead Heath* die grüne Lunge Nord-Londons: Revier für Spaziergänger, Hundebesitzer und Drachenflieger. Vom *Parliament Hill* genießt du einen weiten Blick über die Stadt. *U-Bahn Northern: Hampstead | c3*

65 HIGHGATE CEMETERY

Londons berühmtester Friedhof, verewigt in Audrey Niffeneggers Roman „Die Zwillinge von Highgate" (2009): Verschlungene Pfade führen vorbei an überwucherten Gräbern mit dramatisch posierenden Grabfiguren. Karl Marx (1818–83) verbrachte die Hälfte seines Lebens in London, wünschte sich ein simples Grab, doch die bärtige Bronzebüste zeigt ihn mit der Inschrift „Workers of all Lands unite". Auch der Manager der Sex Pistols und Punkdesigner Malcolm McLaren liegt hier begraben *(März–Okt. tgl. 10–17, Nov.–Feb. bis 16 Uhr | £ 4,50)*.

Der westliche, verwunschenere Teil des Friedhofs mit gotischen Grabskulpturen und Mausoleen ist nur mit Führung *(Engl., 70 Min., März–Nov. Mo–Fr 11, 12.30, 13, 14.30 Uhr, Sa/So alle 30 Min. 10.30–15, Nov.–Feb. bis 14 Uhr)* zu besichtigen. Highlight: die *Egyptian Avenue* und die *Circle of Lebanon Vaults*: Katakombengräber, beschattet von einer mächtigen libanesischen Zeder – dieser Teil inspirierte Bram Stokers „Dracula"-Roman. Die Touren wochentags sind schnell ausgebucht, besser vier Wochen vorher ein Ticket online bestellen.

INSIDER-TIPP
Platz sichern

Eintritt Westteil und Führung £ 15, inkl. Eintritt für den östlichen Teil am gleichen Tag, für Kinder unter 8 J. nicht geeignet | Swains Lane | highgatecemetery.org | U-Bahn Northern: Archway (ca. 15 Min.) | Highgate | 2 Std. | c3

66 NOTTING HILL

Julia Roberts, Hugh Grant und ihr Kultfilm sind schuld: Ursprünglich ein Viertel mit vielen karibischen Einwanderern, ist Notting Hill inzwischen ein Stadtteil, dessen hübsche bunte Häuser – kleine Läden, Cafés und Gastro-Pubs – heute Millionen wert sind. Die Gegend droht schon fast wieder Opfer des eigenen, trendigen Images zu werden. *U-Bahn Central: Notting Hill Gate | A-B 5-6*

67 SHRI SWAMINARAYAN MANDIR (NEASDEN TEMPLE)

2000 t Carrara-Marmor und 2800 t bulgarischer Kalkstein zwirbeln sich zu filigranen Kuppeln und Türmchen; innen ehren blumengeschmückte Altäre hinduistische Gottheiten (Murtis). Dieser größte Mandir-Tempel außerhalb Indiens wurde Anfang der 1990er-Jahre von einer hinduistischen Sekte

Die meisten Besucher des Highgate Cemetery zieht es zu Karl Marx

erbaut. Kleines *Hinduismusmuseum (tgl. 9–18 Uhr, £ 2)*, gute vegetarische Küche im angeschlossenen *Shayona Restaurant (Di–So 12–22 Uhr | Tel. 020 89 65 33 65 | shayonarestaurants.com | €). Tgl. 9–18 Uhr | Pramukh Swami Road | londonmandir.baps.org | U-Bahn Bakerloo: Harlesden, dann Bus 206 oder 224 (ca. 50 Min. ab Charing Cross) | Neasden | b3–4*

68 KEW GARDENS ★

Palmen, Seerosen, tropische Wasserpflanzen und sogar Korallen fühlen sich in den riesigen viktorianischen Gewächshäusern wohl. 250 Jahre Gartenkunst breitet sich in den königlich-botanischen Gärten aus. Fast jede Pflanze der Welt gedeiht hier, dank der extra geschaffenen Klimabedingungen. Das riesige viktorianische Gewächshaus *Temperate House,* in dem etwa 1500 Pflanzensorten aller Kontinente wachsen, wurde nach mehrjähriger Renovierung 2018 wiedereröffnet. In 18 m Höhe wandelst du auf dem *Treetop Walkway* durch die Baumwipfel. Oder du lauschst den Bienen, deren Geräusche in „The Hive", einer bienenkorbähnlichen Metall-Installation, übertragen werden. 60-minütige Führungen *(tgl. 11, 13.30 Uhr, 15 Min. vorher anmelden)* oder bequemer mit dem *Kew Explorer*-Bähnchen *(tgl. ab 11 Uhr, Start: Victoria Gate Plaza, £ 6,50, Kinder £ 2,50, Dauer ca. 40 Min.).* Mit dem Ticket hast du auch Zugang zum *Kew Palace (April–Sept. tgl. 11–16 Uhr),* in dem der „verrückte" George III. lebte. Nun darfst du seine Küche besuchen sowie das Häuschen seiner Frau *Queen Charlotte's Cottage (Sa/So, Termine in Kew Palace erfragen). Kew Gardens: tgl. ab 10 Uhr, variable Schließzeiten von 16 bis 20 Uhr |*

Sie verkörperte die Seele des Schiffs: Galionsfigur im National Maritime Museum

£ 19,50, Kinder 4–15 J. £ 5, online günstiger, auch Familientickets | Kew Road | kew.org | U-Bahn District: Kew Gardens, Zone 3, (ca. 30 Min. ab Westminster) oder mit dem Boot zw. Westminster und Kew (90 Min., April–Okt. | £ 16,50 | wpsa.co.uk). | ⏲ 3–4 Std. | Kew/SW-London | 🕮 b4

69 WIMBLEDON LAWN TENNIS MUSEUM

Das Museum rund um das traditionsreiche Tennisturnier präsentiert die Geschichte des Tennissports seit 1877 und Erinnerungsstücke wie den Dress der Williams-Schwestern, die Bank von Roger Federer in der Herrengarderobe oder das Tagebuch von Arthur Ashes. *Tgl. 10–17.30 Uhr (außer zur Turnierzeit) | £ 13 inkl. Audioguide (Engl.), mit 90-minütiger Führung £ 25, vorher buchen! | Church Road | wimbledon.com | U-Bahn District: Southfields, dann Bus 493 (ca. 40 Min. ab Westminster) | ⏲ 1,5 Std. | Wimbledon | 🕮 c4*

70 HAMPTON COURT PALACE

König Heinrich der VIII. ist bekannt für seine sechs Ehefrauen und dafür, wie er sie nacheinander auch wieder loswurde. Er lebte hier, nachdem sein Kardinal Thomas Wolsey diesen Palast hatte verlassen müssen. Der hatte sich diesen bis 1520 bauen lassen, war aber in Ungnade gefallen, da er beim Papst die Scheidung Heinrichs von Katharina von Aragon nicht durchboxen konnte. Heinrich ließ für seine Frauen und den Hofstaat den Palast um- und anbauen. So wuchs der Backsteinbau mit seinen Türmchen und Zierschornsteinen zu ansehnlicher Größe und ist heute das Beispiel für Tudor-Architektur schlechthin. Plane genug Zeit für die Besichtigung der *Great Hall*, der Tudor-Küchen, der Ausstellung zur Jugend Heinrichs VIII. und seine Gemächer ein, wenn du noch durch die weitläufigen Gärten schlendern möchtest. *April–Aug. tgl. 10–17.30, Sept./Okt. Mi–So, Nov.–März Mi–So 10–16 Uhr | £ 26,10 inkl. Audioguide, online vorbuchen | East Molesey, Surrey | hrp.org.uk | Züge: Hampton Court (ab Waterloo 30–40 Min.) | Molesey, SW-London | 3–4 Std. |* *b4*

71 GREENWICH ★

Im alten Viertel der britischen Seefahrer im Südosten der Stadt wittert London Seeluft. Nimm dir einen Tag Zeit, um das Unesco-Welterbe zu entdecken. Nahe dem letzten Teeklipper *„Cutty Sark" (rmg.co.uk)* liegt der überkuppelte Eingang zum Fußgängertunnel unter der Themse. Bewundere im *Old Royal Naval College (ornc.org)* die barocke Symbolik der Deckengemälde in der *Painted Hall* und die reich verzierte Kapelle gegenüber. Zwischen den uralten Bäumen des schönsten Londoner Parks bergauf spazierst du zum *National Maritime Museum (tgl. 10–17 Uhr | Eintritt frei | Romney Road | rmg.co.uk/national-maritime-museum)*, um Captain Cooks Sextanten, „Titanic"-Memorabilia und die weltgrößte Sammlung maritimer Kunst zu sehen. Kleine Nachwuchspiraten (bis 7 J.) spielen auf der Ahoy!-Galerie, größere Kinder lernen samstags live (in Engl.) Seeleute und Piraten des 18. Jhs. kennen. Bis heute richtet sich die Seefahrt nach der Uhr von Greenwich und dem Nullmeridian vor dem *Royal Observatory (tgl. 10–17 Uhr | £ 16, Kinder £ 8 | Blackheath Avenue | rmg.co.uk/royal-observatory)*, auf dem du gleichzeitig mit je einem Bein in der östlichen und in der westlichen Hemisphäre stehen kannst. Der bronzene Kegel des *Planetariums (Himmelsshows mit wechselnden Zeiten | £ 10)* neigt sich im Winkel Richtung Polarstern. Vom Hügel hast du einen fantastischen Blick auf die Docklands mit *Canary Wharf* und die hohen Bürogebäude, Londons Antwort auf Manhattan. *U-Bahn Waterloo & City bis Bank, dann DLR bis Cutty Sark (ab Waterloo ca. 30 Min.) | 1 Tag | c4*

72 THAMES FLOOD BARRIER

Die riesigen, edelstahlgepanzerten Maschinenhäuser der Hightech-Flutschranke (1982) können im Notfall Spundwände vom Flussboden hochfahren und London abriegeln. Den besten Blick auf die Anlage hast du vom *Thames Barrier Park (Nordseite Themse, DLR: Pontoon Dock)*. Gut zu verbinden mit einem Abstecher zur *Trinity Buoy Wharf (tgl. 7–19 Uhr | trinitybuoywharf.com | DLR: East India)*, ehemals ein Materiallager für Themse-Bojen, nun ein Zentrum für Kunst. Das kleine *Info-Zentrum* auf der Flusssüdseite zeigt, wie die Flutbremse arbeitet *(zzt. nur Gruppen nach Vereinbarung, kein Zutritt zur Sperre selbst). 1 x monatl. Test der Sperre, Termine s. Website | gov.uk/guidance/the-thames-barrier | 1 Unity Way | U-Bahn Jubilee: North Greenwich dann Bus 472 und 8 Min. Fußweg (ca. 40 Min. ab Waterloo) | Silvertown, Ost-London | c4*

73 SPITALFIELDS

Seit der Gemüsemarkt in den 1990er-Jahren umzog, hat sich um die Hallen von *Spitalfields Market* (s. S. 93) Londons Kreativszene mit ausgefallener Mode, Kunst, Handwerk und Weltküche an vielen Ständen etabliert. *spitalfields.co.uk | U-Bahn: Liverpool Street | Spitalfields, Ost-London | P–Q4*

74 THE LONDON MUSEUM DOCKLANDS

In einer ehemaligen Lagerhalle für Zucker, Kaffee und Rum im Schatten der Wolkenkratzer von Canary Wharf erzählt das Hafenmuseum anschaulich die 2000-jährige Geschichte der Themseschifffahrt und widmet eine Galerie der wenig rühmlichen Geschichte Großbritanniens im transatlantischen Sklavenhandel. *Tgl. 10–17 Uhr | Eintritt frei | West India Quay | museumoflondon.org.uk | DLR: ab Bank nach West India Quay, oder U-Bahn Jubilee: Canary Wharf | Canary Wharf | 2 Std. | c4*

75 QUEEN ELIZABETH OLYMPIC PARK

Das Olympiagelände von 2012 hat sich zu einem ansehnlichen Park gemausert, mit viel Platz zum Relaxen, mit Spiel- und Picknickplätzen. Geblieben sind u. a. das *Aquatics Centre,* das *Stadium,* der *Velopark* und die 115 m hohe Stahlskulptur *Arcelor Mittal Orbit (Juni–Aug. tgl. 11–16/17, Sept.–Mai Fr–So 11–14 Uhr | nur Aussicht £ 12,50 mit Rutsche £ 17,50, Kinder £ 12,50, online günstiger | arcelormittalorbit.com).* Erlebt von den Plattformen den Weitblick über London, oder saust auf der Tunnelrutsche 34 Sekunden lang abwärts (Kinder erst ab 8 J. und 1,30 m Größe.) Mit der eigens für die Spiele errichteten Seilbahn (zwischen North-Greenwich und Royal Victoria Docks) überquert man in luftiger Höhe die Themse. Shopper sind im *Westfield Stratford City Center* ganz in ihrem Element. *queenelizabetholympicpark.co.uk | U-Bahn Central, Jubilee: Stratford (ca. 25–30 Min. ab Bond Street) | Stratford, Ost-London | c3–4*

AUSFLÜGE

76 WINDSOR CASTLE & ETON COLLEGE

Ca. 55 Min. mit dem Zug ab Waterloo oder 70–90 Min. mit dem Bus Greenline Nr. 702 ab Victoria

Windsor Castle (März–Okt. Do–Mo 10–17.15, Nov.–Feb. 10–16.15 Uhr | £ 26,50, Sa £ 28,50, inkl. Audioguide | royalcollection.org.uk | ⏱2,5–3 Std.), der letzte Wohnsitz von Queen Elizabeth II., mutet noch prachtvoller an als der Stadtpalast der Royals, Buckingham Palace. Auf der Tour flanierst du durch die *State Rooms (ganzjährig geöffnet),* von Oktober bis März auch durch die *Semi-State Rooms* – vorbei an reich verziertem Mobiliar, Gemälden von Rembrandt, Rubens, Canaletto.

INSIDER-TIPP
Verspielte Queen

Sieh dir auch das etwa 1 m hohe Puppenhaus *Queen Mary's Dolls' House* an: mit echten (beschriebenen) Büchern, Aufzügen und Luxusmobiliar in Miniatur. In der *St. George's Chapel,* der Ordenskapelle der Hosenbandritter, liegen zehn Monarchen begraben. Auch Queen Elizabeth II. wurde hier 2022 beigesetzt, neben ihrem 2021 verstorbenen Ehemann, Prinz Philip. Die *Wachablösung* gibt's Di, Do, Sa um 11 Uhr *(aktuell: householddivision.org.uk/changing-the-guard-calendar).* Wer hungrig ist, besucht das *Undercroft Café* im mittelalterlichen Kellergewölbe.

Die Schulschmiede für Premierminister (19 hat sie hervorgebracht) heißt *Eton College (Führung nur nach Vereinbarung, Tel. 01753 37 06 11 oder etoncollege.com/Visits.aspx)* und liegt ca. 15 Gehminuten entfernt. 1440 für arme, begabte Schüler errichtet, ist sie heute eine der exklusivsten Schulen der Welt. Bei einer Führung siehst du das älteste bestehende Klassenzimmer und erfährst, wie hart die Erziehung zu Gründungszeiten war. *b4*

Königstreu und fotogen: Wachwechsel der Leibgarde vor Schloss Windsor

ESSEN & TRINKEN

Londoner Restaurants gehören längst zu den besten der Welt. Mehr als 50 von ihnen sind mit einem Michelinstern ausgezeichnet. Alle Geschmäcker der Welt sind hier vertreten, von äthiopisch bis zypriotisch, von halal bis vegan, von teuer bis günstig, im Restaurant oder unterwegs auf die Hand.

Kreative Köche zaubern aus Zutaten von den britischen Inseln fantasievolle Gerichte auf den Teller; zuweilen sind die Kreationen etwas überkandidelt und die Portionen etwas klein. Dennoch – wer immer noch glaubt, die Briten könnten nicht kochen, liegt gänzlich falsch.

Alle Adressen in diesem Kapitel findest du auf der Faltkarte

Tibetisches Streetfood und noch viel mehr gibt's auf der Brick Lane

Die heimischen Herde wurden durch TV-Köche wie Jamie Oliver oder Kochshows wie Master Chef aufgemischt. Zum Trend gehören biologische *(organic)* und fair gehandelte *(fair trade)* Produkte, und „old fashioned" Gerichte wie *scotch eggs* (hartgekochtes Ei, umwickelt mit Fleischbrät, in Fett ausgebacken) oder Porridge werden neu interpretiert. Auch guten Kaffee bekommt man inzwischen im ganzen Land, in London an fast jeder Ecke.

WO LONDON ISST

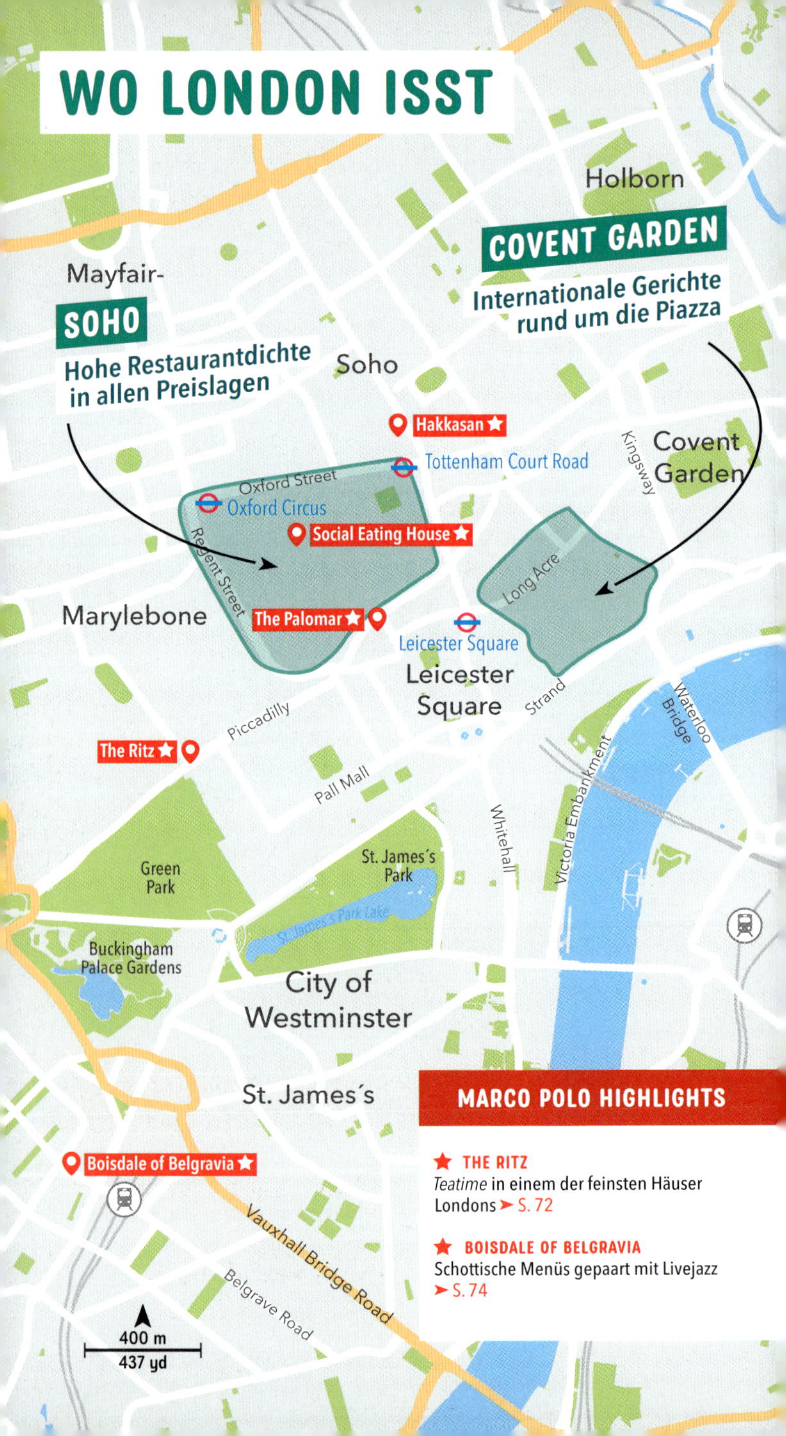

MARCO POLO HIGHLIGHTS

★ **THE RITZ**
Teatime in einem der feinsten Häuser Londons ➤ S. 72

★ **BOISDALE OF BELGRAVIA**
Schottische Menüs gepaart mit Livejazz ➤ S. 74

seitenweise.

Die Buchhandlung.

★ **HAKKASAN**
Chinesische Küche auf höchstem Niveau
➤ S. 81

★ **DISHOOM**
Indisches Vergnügen mit besonderem Flair ➤ S. 80

★ **SOCIAL EATING HOUSE**
Keine Armenspeisung, sondern moderne britische Küche ➤ S. 77

★ **THE PALOMAR**
Israelische Küche, neu interpretiert
➤ S. 81

AFTERNOON TEA

Einen traditionellen Afternoon Tea in einem schicken Hotel solltest du dir einmal gönnen: Mini-Sandwiches mit Gurken, Lachs oder Ei, Scones mit Sahne und Marmelade und feines Gebäck, vielleicht ein Glas Champagner dazu.

1 GEORGIAN HOUSE HOTEL

Gespenstisch geht's zu beim Wizard Afternoon Tea im Keller des eleganten Hauses. Blubbernde Mocktails, schokoladige Zauberhüte, Sandwitches und Scones – alles köstlich. Auch vegan. *Sa/So ab 13.30 Uhr | £ 35, Kinder bis 12 J. £ 20 | 35–39 St George's Drive | georgianhousehotel.co.uk/wizard-experiences | U-Bahn District, Circle: Victoria | Pimlico | H10*

INSIDER-TIPP
Gruselfaktor inklusive

2 PALM COURT

Das Restaurant im *Langham Hotel* wurde schon mit dem Tea-Council-Preis für den besten Afternoon Tea Londons ausgezeichnet. Zum Tee auf Wedgwood-Porzellan werden Fingersandwiches und Scones, originelle Süßigkeiten und exquisite Minikuchen gereicht. *Afternoon Tea (ab £ 70) Mi–So 12.30–17 Uhr | 1 C Portland Place, Regent Street | Tel. 020 76361000 | palm-court.co.uk | U-Bahn Oxford Circus | Marylebone | H5*

3 POSTCARD TEAS

Huldige im japanisch angehauchten Teeladen des Ex-Kunsthändlers Timothy d'Offay dem englischen Nationalgetränk. Auch an einem Tee-Workshop kannst du teilnehmen *(Sa 10–11 Uhr, ab £ 20)*, oder deinen Lieblingstee in deine Heimat verschicken. *Mo–Sa 12–18.30 Uhr | 9 Dering Street | New Bond Street | Tel. 020 76293654 | postcardteas.com | U-Bahn Oxford Circus | Mayfair | G5*

4 THE RITZ ★

Im noblen Ritz Hotel ist die *Teatime* ein High-Society-Ritual. Fürs edle Ambiente, erlesenen Tee und die hübschen Küchlein zahlt man entsprechend viel *(£ 67–£ 100)*. Kleiderordnung beachten und reservieren! *Tgl. 11.30, 13.30, 15.30, 17.30 und 19.30 Uhr | 150 Piccadilly | Tel. 020 73002345 | theritzlondon.com | U-Bahn Green Park | St James's | H7*

CAFÉS

5 ATTENDANT

Ein ungewöhnlicher Ort, um Kaffee zu trinken: ein ehemaliges (!) viktorianisches Männerpissoir. Die Keramik blieb und sorgt für Caféecken mit ganz eigenwilligem Charme. *Mo–Fr 8–16, Sa/So 9–16 Uhr | 27a Foley Street | the-attendant.com | U-Bahn Northern, Central: Goodge Street, Oxford Circus | Bloomsbury | H5*

6 BAKERY BUS

Im alten Routemaster-Bus rollst du süß durch die Straßen. Zum Afternoon Tea mit Scones und Sandwiches siehst du Big Ben, Buckingham Palace, Hyde Park & Co. Auch glutenfreie und vegane Kuchen. Den 90-minütigen Trip mit dem *B Bakery Bus* solltest du rechtzeitig buchen. Einsteigen kannst du an

Humor haben sie! Aber auch gutes Frühstück und Kaffee

zwei Stationen: 8 Northumberland Av. *(Nähe Trafalgar | tgl. 12.30, 15 Uhr | U-Bahn Bakerloo, Northern: Charing Cross)* oder Victoria Coach Station *(tgl. 12, 14.30, 17 Uhr | U-Bahn Circle, District: Victoria) | ab £ 45, Preis je nach Sitzplatz, Tag und Uhrzeit | Tel. 020 30 26 11 88 | b-bakery.com | Westminster | K7*

7 DRAUGHTS

Für Spielsüchtige! Das großzügig gestaltete Draughts erstreckt sich über zwei Etagen im Bogen einer Eisenbahnbrücke. Liebhaber von Brettspielen sind hier richtig. Über 1000 Spiele gibt es, gegen eine kleine Gebühr darf man sich daran bedienen. Den Hunger stillt ihr derweil mit Burgern oder Tacos. *So–Do 11–24, Fr/Sa bis 1 Uhr | Bahnbogen Arch 16, Leake Street | Tel. 079 03 44 19 76 | draughtslondon.com | U-Bahn Northern, Jubilee: Waterloo | South Bank | L8*

8 LOOK MUM NO HANDS!

Auch ohne beim Freihändigfahren das Rad geschrottet zu haben, darf man in diesem Fahrradwerkstatt-Café einen Kaffee schlürfen. An den großen Holztischen lässt es sich gemütlich plaudern und herzhaft frühstücken oder brunchen. *Mo/Di, Fr 8–16, Mi/Do 8–22, Sa 9–16, So 10–16 Uhr | 49 Old Street | Tel. 020 72 53 10 25 | lookmumnohands.com | U-Bahn Circle, Northern: Barbican, Old Street | Clerkenwell | N4*

9 MAISON BERTAUX

Kuchen wird hier schon seit 1871 verkauft. Die Institution ist allen Veränderungen zum Trotz in Soho geblieben. Legendäre Croissants, Früchte-Tartes, Schoko-Eclairs und Torten, alles zum Dahinschmelzen. *Tgl. ab 9.30 Uhr | 28 Greek Street | maisonbertaux.com | U-Bahn Northern, Piccadilly: Leicester Square, Central, Northern: Tottenham Court Road | Soho | J6*

10 NOTES

Feinste Bohnen aus der eigenen Rösterei, in der edlen Espressomaschine oder retro-like mit Porzellanfilter aufgebrüht: Hier kannst du zivilisiert Kaffee trinken. Und dazu gibt's Porridge, Granola oder Avocado-Toast. *Mo 8–18, Di–Fr 8–21, Sa 9–21, So 10–18 Uhr | 31 St Martin's Lane | Tel. 020 72 40 04 24 | notes-uk.co.uk | U-Bahn Bakerloo, Northern: Charing Cross, Northern, Piccadilly: Leicester Square | Covent Garden | K6*

Lebt wohl, gute Vorsätze: süße Sünden in der Bäckerei Ole & Steen

11 OLE & STEEN

Seit mehr als 30 Jahren sorgen die Dänen Ole & Steen für frisches Brot und skandinavisch-süßes Gebäck. Das kräftige Roggenbrot, belegt mit Lachs, Ei oder Roastbeef, macht satt, das süße Gebäck, wie der Heidelbeerstrudel oder die Zimtschnecken, Lust auf mehr. Das Ladendesign ist nordisch kühl und sachlich. Mehrere Filialen in London. *Mo–Fr 7.30–21, Sa/So 8.30–21 Uhr | 56 Haymarket, Nr. 2 | oleandsteen.co.uk | U-Bahn Piccadilly: Piccadilly Circus | St James's | J6*

12 RIVER GARDENS CAFÉ

Mit Blick auf die Themse probiert man in maritimem Ambiente gerne den köstlichen Kuchen oder kommt mit Freunden zum Brunch. Mehr Hunger? Ab Mittag gibt's Burger und Salat satt. *Mo–Do 8–19, Fr 8–22, Sa 8.30–22, So 8.30–19 Uhr | 20 River Gardens Walk, Unit 2 | Tel. 020 88 58 03 69 | rivergardenscafe.co.uk | DLR: Cutty Sark | Greenwich | c4*

BRITISCH

13 BOISDALE OF BELGRAVIA ★

Für Fans des britischen Hochlands: eine Menükarte mit Hummer, schottischem Lachs, Rindfleisch aus Aberdeen und Haggis; danach geht's zur *Cigar Terrace* für Zigarrenraucher und Whiskytrinker. An mehreren Abenden Konzert, auch Menü samt Live-Jazzmusik buchbar. *Mo 17–1, Di–Fr 12–1, Sa 17–24, So 12–16 Uhr | 15 Eccleston Street | Tel. 020 77 30 69 22 | boisdale.co.uk | U-Bahn Circle, Victoria: Victoria | €€–€€€ | Westminster | G9*

14 HAWKSMOOR GUILDHALL

Freunde saftiger Steaks sind hier genau richtig. Auch Meeresfrüchte und für die vegane Freundin saisonales Biogemüse werden zubereitet, so z. B. in der Spargelsaison. Holztäfelung, Ledersessel und Art-déco-Leuchten

Unsere Empfehlung heute

Vorspeisen

PRAWN COCKTAIL
Krabbencocktail

SOUP OF THE DAY
Tagessuppe, z. B. *Leek and Stilton Soup* (Lauch-Blauschimmelkäse-Suppe)

GARLIC BREAD
Knoblauchbrot

Hauptgerichte

FISH & CHIPS
Panierter Bratfisch & Pommes frites mit Malzessig

BANGERS & MASH
Würstchen und Kartoffelbrei

SHEPHERD'S PIE
Auflauf aus Hammel- oder Rinderhack, überzogen mit Kartoffelbrei

STEAK & ALE PIE
Pastete mit in Bier gekochtem Fleischragout

SUNDAY ROAST
Sonntagmittag: Lamm-, Rinder- oder Schweinebraten mit Backkartoffeln und Bratensoße

Desserts

APPLE PIE WITH CUSTARD
Kleine Apfelkuchenpastete mit Vanillesoße

STICKY TOFFEE PUDDING
Feuchter Biskuitkuchen aus fein gehackten Datteln in Toffeesoße, oft mit Vanilleeis oder –soße

CHEESE BOARD
Britischer Käse z. B. Stilton, Cheddar, Red Leicester

RHUBARB CRUMBLE
Rhabarber mit Streuseln überbacken

Getränke

ALE
Obergäriges britisches Bier, z. B. London Pride

CIDER ODER PERRY
Naturtrüber Apfel- oder Birnenwein

SHANDY
Bier mit Zitronenlimonade

GIN TONIC (KURZ: G & T)
Longdrink aus Wacholderschnaps und Bitterlimonade

strahlen britische Behaglichkeit aus. *Di–Do 12–15, 17.30–21.30, Fr 11–15, 17–21.30, Sa, Mo 17–21.30 Uhr | 10 Basinghall Street | Tel. 020 73 97 81 20 | thehawksmoor.com | U-Bahn: Bank, St Paul's, Moorgate | €€–€€€ | City | N-O5*

Schon das britische Original bei Poppies probiert?

15 PÉTRUS

Das michelinsterngekrönte Restaurant von Gordon Ramsay bringt moderne Küche auf den Tisch. Die frischen Zutaten kommen aus heimischen Regionen, die Qualität hat ihren Preis.

INSIDER-TIPP
Preiswerte Sterneküche

Wer für mittags einen Tisch reserviert, bekommt das 5-Gänge-Menü viel günstiger als abends. Dresscode: Smart casual, keine Shorts oder Jeans im Destroyed-Look! *Di–Sa 12–14, 18–23 Uhr | 1 Kinnerton Street | Tel. 020 75 92 16 09 | gordonramsay.com | U-Bahn Piccadilly: Knightsbridge | €€€ | Knightsbridge | F8*

16 POPPIES

Lange bevor dieses Viertel trendy wurde, versorgte Pop Newland das East End mit ehrlichen Fish & Chips. Allerdings muss man dieses englische Nationalgericht schon mögen, denn es ist und bleibt eine recht fettige Angelegenheit. *So–Mi 11–22, Do–Sa 11–23 Uhr | 6–8 Hanbury Street | Tel. 020 31 61 14 22 | poppiesfishandchips.co.uk | U-Bahn Northern: Liverpool Street, Old Street | € | Spitalfields | P4*

17 FROG BY ADAM HANDLING

Küchenchef und Gastronom Adam Handling zaubert in seinem Flagship-Restaurant wahre Kunstwerke auf den Teller. Ein Schmaus für Auge und Gaumen. Kein Wunder, denn beste saisonale Zutaten und asiatische Aromen ergeben eine feine, moderne Brit-Küche (Tasting-Menü £ 175, vegetarisch £ 150). *Mi–Sa 12–14.30, Di–Sa 17–23 Uhr | 34–35 Southampton Street | Tel. 020 71 99 83 70 | frogbyadamhandling.com | U-Bahn Northern: Charing Cross | €€€ | Covent Garden | K6*

18 ROCK & SOLE PLAICE

Hier werden schon seit 1871 Fisch und Kartoffeln gebrutzelt, alt schmeckt's aber nicht, sondern lecker. Take-away ist zwar günstiger, auf der Terrasse sitzt man aber bequemer. *Mo–Sa 11.30–23, So 12–22 Uhr | 47 Endell Street | rockandsoleplaice.com | U-Bahn Piccadilly: Covent Garden | €–€€ | Covent Garden | K5*

19 RULES

Holztäfelungen, schwere Vorhänge, Samtbezüge, an den Wänden Gemälde und Jagdtrophäen – wie ein altes englisches Landhaus serviert das Rules seit 1798 sorgfältige britische Kochkunst mit Schwerpunkt auf Wild und Lachs. Online-Reservierung für max. 6 Pers. *Di–Sa 12–23.30, So bis 22 Uhr | 35 Maiden Lane | Tel. 020 78 36 53 14 | rules.co.uk | U-Bahn Piccadilly: Covent Garden | €€–€€€ | Covent Garden | K6*

20 SOCIAL EATING HOUSE ★

Was nach Armenhaus-Speisung klingt, ist ein angesagtes Michelinstern-Restaurant mit jungen britischen Gerichten. Das dunkle Ambiente ist etwas gewöhnungsbedürftig, das Essen aber ebenso ehrlich wie sensationell: Kabeljau aus Cornwall, Rumpsteak aus Cumbria, Jakobsmuscheln aus Dorset. Wer es exklusiver mag, bucht den *Chef's table* in der Küche oder besucht die lauschige Bar in der 1. Etage. Unbedingt reservieren! *Di–Sa 12–14.15, 17.45–22 Uhr | 58 Poland Street | Tel. 020 79 93 32 51 | socialeatinghouse.com | U-Bahn Central, Victoria: Oxford Circus | €€–€€€ | Soho | H6*

21 THE SHED

Im ländlich-rustikalen Ambiente des Shed (Schuppen) zaubern die Gladwin-Brüder mit Zutaten von der Familienfarm in West-Sussex Leckeres auf den Teller. Das Konzept: Was zusammen wächst, schmeckt auch zusammen, z. B. gegrilltes Rindfleisch mit Rote Bete, Jakobsmuscheln mit Mais und Popcorn. Weitere Familienlokale, u. a. in Chelsea, 172 Kings Road. *Di–Sa 12–15, Mo–Sa 17–22.30 Uhr | 122 Palace Gardens Terrace | Tel. 020 72 29 40 24 | theshed-restaurant.com | U-Bahn Central: Notting Hill Gate | € | Kensington | B7*

22 ROCHELLE CANTEEN

INSIDER-TIPP
Verstecktes Juwel

Hinter der „Boys"-Tür, Eingang einer ehemaligen Schule, liegt verborgen das luftig-moderne Restaurant samt Garten. Die kleine Karte verrät, dass hier Wert auf gutes britisches Essen und beste Zutaten gelegt wird: Forelle, gegrilltes Lamm, pochiertes Kaninchen, dazu frisches Gemüse und Blutorangen-Mandel-Tarte danach. *Tgl. 12–15, Mi–Sa 17.30–22 Uhr (letzte Order 19.45 Uhr) | 16 Playground Gardens | Tel. 020 39 28 83 28 | arnoldandhenderson.com | U-Bahn: Overground Shoreditch High Street | €€ | Shoreditch | P3*

23 ST JOHN

„Nose to tail" ist die Devise von Fergus Henderson, dem Chefkoch des Lokals. Heißt: alles, was das Tier hergibt, wird verwertet, mit Schwerpunkt auf Innereien, wie gesalzene Schweineleber oder gegrillte Lammherzen. Der Standort am Smithfield-Fleischmarkt passt gut. *Mo–Sa 12–15, 18–22.30, So 12–16 Uhr | 26 St John Street | Tel. 020*

72 51 08 48 | stjohnrestaurant.com | U-Bahn Circle, Hammersmith & City, Metropolitan: Farringdon | €–€€ | Holborn/Clerkenwell | M4

EUROPÄISCH

24 PIED À TERRE

Chefkoch Asimakis Chaniotis setzt die hohe Kochkunst der Michelinküche fort. Im elegant-schlichten Ambiente kommen ungewöhnliche, fantasievolle Geschmackskombinationen auf die Teller. Mittags sind die Menüs günstiger als abends, auch als vegane Variante. Beim Blick hinter die Kulissen des Gourmetrestaurants darfst du in die Kochtöpfe schauen und lernst Kniffs und Tricks vom Chefkoch *(Do–Sa, 4 Std. inkl. 6-Gänge-Menü | Zeiten und Preise s. Website unter „Kitchen Experience"). Do–Sa 12–14.30, Di–Sa 17.30–22 Uhr | 34 Charlotte Street | Tel. 020 76 36 11 78 | pied-a-terre.co.uk | U-Bahn Northern: Goodge Street | €€€ | Bloomsbury | J5*

INSIDER-TIPP
Michelinsterne zum Mitnehmen

25 BIBI RESTAURANT

Chefkoch Chet Sharma wurde durch seine Großmütter inspiriert, verfeinerte sein Handwerk in Michelin-Küchen. Das Ergebnis: indische Gerichte der Extraklasse, z. B. Lahori-Huhn mit Cashew-Joghurt-Sauce und zum Dessert Kulfi als Eis am Stiel. *Do–Sa 12–14.30, Di–Sa 17.30–21.30 Uhr | 42 North Audley Street | Tel. 020 37 80 73 10 | bibirestaurants.com | U-Bahn Central: Marble Arch | €€–€€€ | Mayfair | F–G6*

Ein Stück Paris in London – die Brasserie Zédel

26 BRASSERIE ZÉDEL

Alles befindet sich hier unter einem Dach: Die *Brasserie* in den Kellergewölben mit Pariser Ambiente und französischer Küche zu Schnäppchenpreisen *(Zwei-Gänge-Menü £ 13 | Mo–Sa 12–23, So 12–16 Uhr)*. Im *ZL Café* kannst du ab 10 Uhr frühstücken, abends in der *Bar Américain* einen Drink nehmen *(Mo–Do 17–24, Fr, So ab 16, Sa ab 15 Uhr)* oder zu Theater und Kabarett ins *Crazy Coqs (Programm s. Website). 20 Sherwood Street | Tel. 020 77 34 48 88 | brasseriezedel.com | U-Bahn Northern, Bakerloo: Piccadilly Circus | € | Soho | J6*

27 THE LECTURE ROOM AT SKETCH

Drei Michelin-Sterne hat der Gourmettempel geerntet; er verwöhnt seine Gäste zum Lunch mit einem 3-Gänge-Menü mit Meeresfrüchten aus Cornwall oder vegetarischen Rucola-Parmesan-Gnocchi. Abends: 7-Gänge-Tasting-Menü. *Mi–Sa 18.30–21, Fr/Sa auch 12–15.30 Uhr | 9 Conduit Street | Tel. 020 76 59 45 00 | sketch.london/the-lecture-room | U-Bahn Bakerloo, Central, Victoria: Oxford Circus | €€€ | Mayfair | H6*

28 STREET PIZZA

Noch ein Lokal aus dem Gordon-Ramsey-Imperium. Der Name sagt's in diesem Fall schon: Es gibt schlichtweg nur Pizza, dafür zum Einheitspreis von £ 16, so viel man will, „bottomless" halt. Perfekt dünn und knusprig, mit wenigen Toppings, aber wechselnde *daily specials. Mo–Sa 11.30–24, So 11.30–22 Uhr | Tel. 020 74 99 01 20 | 10 Bread Street | gordonramsayrestaurants.com/street-pizza | € | City | N5*

29 THE REAL GREEK

Der Name ist Programm: In lebhafter Atmosphäre und mit Gerichten wie Lammkoteletts oder Halloumi-Spieß, dazu einem Glas Retsina, hast du im Herzen von London das Gefühl, in Griechenland zu sein. Reservierung empfohlen. *Mo–Sa 12–23, So bis 22 Uhr | 60–62 Long Acre | Tel. 020 72 40 22 92 | therealgreek.com | U-Bahn Piccadilly: Covent Garden | €–€€ | Covent Garden | K5–6*

30 SESSIONS ARTS CLUB

Das denkmalgeschützte Haus verströmt romantisches Flair und die Menükarte verspricht französische Gaumenfreuden der Küchenchefin: Aal mit Rucola-Crème-Fraîche, Jakobsmuscheln mit Rettich und Jasmin. Die umfangreiche Wein- und Cocktailkarte ergänzt das Menü. *Mi–Sa 12–14.30, Di–Sa 17.30–22 Uhr | 24 Clerkenwell Green | Tel. 020 37 93 40 25 | sessionsartsclub.com | U-Bahn Circle, Metropolitan: Farringdon | €–€€ | Clerkenwell | M4*

31 THE RIVER CAFE

Drinnen stilvolles Ambiente, draußen Terrassenblick auf die Themse: Seit 35 Jahren werden die Gäste hier mit bester Küche verwöhnt. Die wechselnde Karte vereint die Geschmäcker Italiens: Pasta mit wildem Spargel, Wolfsbarsch in Weißburgunder, Pannacotta mit Grappa. *Mo–Sa 12–14.30, 18.30–21.30, So 12–15 Uhr | Thames*

Wharf | Rainville Road | Tel. 020 73 86 42 00 | rivercafe.co.uk | U-Bahn District, Piccadilly: Hammersmith | €€–€€€ | Hammersmith | c4

32 SEVEN PARK PLACE

Die Leidenschaft fürs Kochen wurde William Drabble von der Oma in die Wiege gelegt. Nach Stationen in englischen Top-Restaurants kocht er nun im St James's Hotel sterngekrönte französische Küche mit besten britischen Zutaten. Vier-Gänge-Menü mittags £ 75. *Do–Sa 12–14, 18.30–22 Uhr | 7–8 Park Place | Tel. 020 73 16 16 21 | stjameshotelandclub.com | U-Bahn Victoria, Piccadilly, Jubilee: Green Park | €€€ | St James's | H7*

33 PIZZA PILGRIMS

Mit einer herzhaften Pilgerreise durch Italien begann das Business zweier Brüder, die beschlossen hatten, Pizza zu backen. Auf ihrer Italienreise lernten sie das Handwerk und tuckerten mit einem Piaggio Ape samt Pizzaofen darin zurück. Das ist Geschichte! Inzwischen haben sie sich mit mehreren Lokalen etabliert. *Mo–Sa 12–22, So 12–21.30 Uhr | 11 Dean St | Tel. 020 30 05 29 30 | pizzapilgrims.co.uk | U-Bahn Central, Northern: Tottenham Court Road | € | Soho | J5*

INTERNATIONAL

34 BRIXTON VILLAGE MARKET

Einen Hauch Karibik verströmt der Brixton Village Market mit exotischen Gemüsen und Düften und doch ist der Geschmack international. In der Markthalle bekommst du bei *Etta's Seafood Kitchen* nicht nur Fish & Chips, sondern auch Hummer, jamaikanische Soßen inklusive. Frische vegane Biokost nach karibischen und italienischen Rezepten gibt es bei *Eat of Eden*. Burgerfans gehen zu *Honest Burgers*. Hier kommt das Fleisch von glücklichen Rindern aus Yorkshire und ergibt zusammen mit besten Zutaten wahrhaftig leckere Burger. Dazu passt ein Haus-Cocktail oder Craft-Beer. Wer's lieber süß mag: Herrlich verführerisch sind die Torten bei *Whipped*. *Brixton Village Market tgl. ab 12 Uhr | Eingang von Coldharbour Lane | brixtonvillage.com/eat | U-Bahn Victoria: Brixton | € | Brixton | c4*

INSIDER-TIPP
Einfach, ehrlich, echt

35 DISHOOM ★

Bombay-Feeling, surrende Deckenventilatoren, gedimmte Beleuchtung: Die Atmosphäre des Irani-Bombay-Cafés ist so herzerwärmend wie die indischen Köstlichkeiten: Tandoori-Grill, Biryanis, brit-indisches Frühstück plus Glutenfreies; herrliche Veranda im Kolonialstil. *Mo–Mi 8–23, Do/Fr 8–24, Sa 9–24, So 9–23 Uhr | 7 Boundary Street | Tel. 020 74 20 93 24 | dishoom.com/shoreditch | U-Bahn Overground: Shoreditch High Street | € | Shoreditch | P3*

36 COMPTOIR LIBANAIS

Ein buntes Diner mit libanesischer Küche zu humanen Preisen. Serviert werden leckere Mezzegerichte wie Tabbouleh, Falafel, Halloumi und Lamb Kibbeh. *Mo–Sa 11–22.30, So 11–21 Uhr | 1–5 Exhibition Road | Tel.*

020 72 25 50 06 | comptoirlibanais.com | U-Bahn Piccadilly: South Kensington | € | South Kensington | 🕮 D9

37 BUSABA EATHAI

Die Aromen Asiens sind in den vielfältigen Gerichten versammelt. Ob Wok-Nudeln oder Curry, ob vom Grill oder aus dem Suppentopf, alles ist lecker und man kann ungezwungen tafeln, auch wenn der Geräuschpegel zuweilen hoch ist. Mittags günstiger. *Tgl. 11.30–23 Uhr | 106–110 Wardour Street | Tel. 020 72 55 86 86 | busaba.com | U-Bahn Bakerloo, Piccadilly: Piccadilly Circus | € | Soho | 🕮 J5*

38 HAKKASAN ★

Das erste chinesische Restaurant Großbritanniens mit Michelinstern versteckt sich in einer Seitenstraße. Probiere Kabeljau mit Champagner und Honig. Am Wochenende kannst du dich ab 12 Uhr mit einem Brunch verwöhnen lassen, ein mehrgängiges Menü mit Salat, Dim Sum, Hauptgericht und Dessert, ab £ 80 inkl. Cocktails und einem Glas Champagner (mind. 2 Pers.). Dresscode: Smart casual. *Di–Do 17–22.30, Fr 17–22, Sa 12–23, So 12–22.30 Uhr | 8 Hanway Place | Tel. 020 79 27 70 00 | hakkasan.com | U-Bahn Central, Northern: Tottenham Court Road | €€€ | Bloomsbury | 🕮 J5*

39 THE PALOMAR ★

Moderne Kreationen aus der israelischen Küche mit Einflüssen aus Nordafrika, auf der Karten stehen z. B. Oktopus mit Datteln oder Ziegenkäse mit Mandeln. Vorn an der Bar schaut man den Köchen zu. *Mi 17.30–22, Do–So 12–14.30, 17.30-22 Uhr | 34 Rupert Street | Tel. 020 74 39 87 77 | thepalomar.co.uk | U-Bahn Piccadilly, Bakerloo: Piccadilly Circus | €–€€ | Soho | 🕮 J6*

Modern und orientalisch isst man im Comptoir Libanais

SHOPPEN & STÖBERN

Shopping ist eines der großen Vergnügen jedes London-Besuchs, und es gibt nichts, was es hier nicht gibt. London ist nach wie vor ein teures Pflaster. Schnäppchen lassen sich dennoch bei den vielen Sales machen.

Die schicksten Boutiquen für einen Schaufensterbummel finden sich in der *Bond Street* und *Sloane Street;* witzige Läden gibt's in Notting Hill und im East End mit Pop-up-Stores *(londonpopups.com)* und vielen Vintage-Shops. Wuselig ist es immer auf der *Oxford Street* mit den Kaufhäusern, die Mode aller wichtigen Designer

Bücherfans gehen zu Daunt Books

unter ihrem Dach verkaufen. Etwas geruhsamer kannst du durch die ★ *King's Road* in Chelsea bummeln. Unabhängige Buchhandlungen findest du entlang der *Charing Cross Road,* ausgefallene Schuhläden um Covent Garden und in *Soho.* Souvenirläden mit Great-Britain-Kitsch gibt's überall im Zentrum. Bessere Mitbringsel findest du in den Museumsshops: Schreibwaren, Drucke, Kunstbücher. Nicht zu vergessen die Londoner Märkte: in vielen Stadtteilen kannst du durch Kunst, Kram und Krempel, Antiquitäten, modische Schnäppchen oder gesunde Lebensmitteln stöbern.

WO LONDON SHOPPT

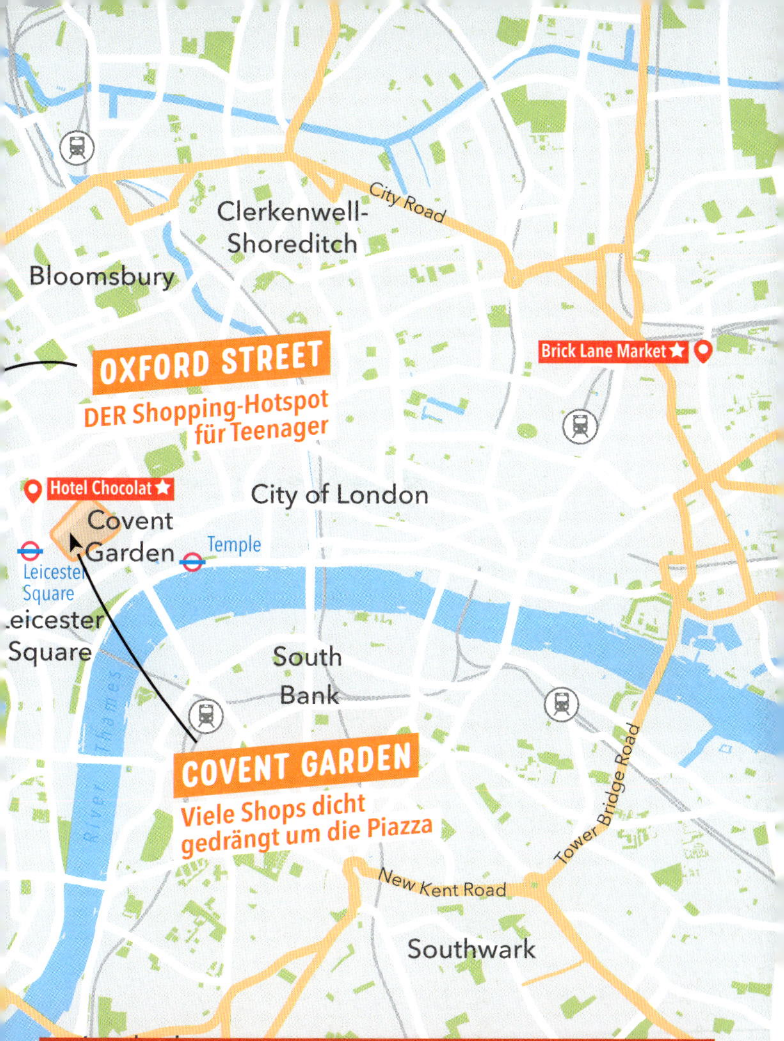

MARCO POLO HIGHLIGHTS

★ **KING'S ROAD**
Einkaufsstraße – seit den Sixties beliebt
➤ S. 83

★ **HOTEL CHOCOLAT**
Feinste Schokoladen aus eigenem Kakaopulver ➤ S. 91

★ **HARRODS**
Das Kaufhaus schlechthin – musst du sehen! ➤ S. 88

★ **LIBERTY**
Wunderschöne Stoffe – ein Einkaufserlebnis ➤ S. 88

★ **FORTNUM & MASON**
Englischer bekommt man Delikatessen nirgends ➤ S. 90

★ **BRICK LANE MARKET**
Londons trendigster Straßenmarkt ➤ S. 92

ANTIQUITÄTEN

1 SILVER VAULTS

Antikes Silber in alten Gewölben mit 30 Läden hinter Safetüren, voll mit Silberlöffeln, Uhren, Schmuck, Serviettenringen, Kerzenständern. Ein Erlebnis! *Mo–Fr 9–17.30, Sa 9–13 Uhr | Chancery House | 53–64 Chancery Lane | thesilvervaults.com | U-Bahn Central: Chancery Lane | City | 🕮 L5*

BÜCHER

2 ANY AMOUNT OF BOOKS

In dem weitläufigen, altmodischen Secondhand-Bücherparadies findest du Schnäppchen und wertvolle Sammlerstücke. *Mo–Sa 11.30–19.30, So 12.30–18.30 Uhr | 56 Charing Cross Road | anyamountofbooks.com | U-Bahn Northern, Piccadilly: Leicester Square | Covent Garden | 🕮 J6*

3 DAUNT BOOKS

Bereits seit einem Jahrhundert stöbern Reisebuchfans in der schönen Buchhandlung mit langen Eichenholzgalerien und Oberlicht. Karten und Secondhand-Bücher. *Mo–Sa 9–19.30, So 11–18 Uhr | 83 Marylebone High Street | dauntbooks.co.uk | U-Bahn Central: Bond Street | Marylebone | 🕮 G4*

WOHIN ZUERST?

Oxford Street bietet die großen Kaufhäuser (Selfridges, John Lewis, Debenhams). **Kensington** (Kens. High Street) und **Chelsea** (King's Road) sind hochkarätiger. **Neal's Yard** ist alternativ angehaucht. Die **Carnaby Street** ist wieder angesagt; interessante Läden findest du auch rund um **Brick Lane**. Overall-Favorit: **Covent Garden.**

4 FOYLES

Dieser unabhängige Büchertempel hat den Umzug in die Moderne geschafft: Auf 37 000 m² und acht Ebenen zeigt sich das Buchmekka luftig – trotz 200 000 Büchern! Auf den Etagen gibt es viel Platz zum Stöbern. Im Café im 5. Stock kann man sowohl lunchen als auch beim Espresso im Internet surfen. *Mo–Sa 9–21, So 11.30–18 Uhr | 107 Charing Cross Road | foyles.co.uk | U-Bahn Central, Northern: Tottenham Court Road | Soho | 🕮 J5*

5 GOSH!

Versierte Comic-Kenner und Novizen werden hier ihre helle Freude haben: eine ganze Etage mit Graphic Novels! Im Untergeschoss kann man in Comic-Einzelausgaben stöbern. *Tgl. 10.30–18 Uhr | 1 Berwick Street | goshlondon.com | U-Bahn Central, Northern: Tottenham Court Road | Soho | 🕮 J5–6*

GESCHENKE & ACCESSOIRES

6 CATH KIDSTON

Die von den Fifties inspirierten Blumen-, Pünktchen- und Streifendrucke bleiben die Lieblinge britischer Magazine. Taschen, Schürzen, Handtücher, Stoffe, Geschirr etc. Mehrere Filialen. *Mo–Sa 10–20, So 12–18 Uhr | 180 Piccadilly | cathkidston.co.uk | U-Bahn Piccadilly: Green Park | St James's | H7*

7 LEGO

Der derzeit größte Lego-Laden der Welt wartet mit seinen bunten Plastiksteinen auf Besucher. Neben einem riesigen Lego-Nachbau von Big Ben (6,50 m!) lockt der Mosaic Maker, mit dem du dein eigenes Lego-Portrait anfertigen kannst (Termin buchen!). *Mo–Sa 10–22, So 12–18 Uhr | Leicester Square/3 Swiss Court | U-Bahn: Piccadilly: Piccadilly, Leicester Square | Covent Garden | J6*

8 HAMLEY'S

Auch in diesem Laden begegnet man den farbigen Steinen und noch vielem mehr. Mehrere Etagen voller Spielzeug lassen nicht nur Kinderherzen höher schlagen. Überall brummt, summt und fliegt etwas, denn das Personal führt viele Produkte vor und animiert zum Einkauf. *Mo–Sa 10–20, So 12–18 Uhr | 188–196 Regent Street | U-Bahn Central, Bakerloo: Oxford Circus | Soho | H6*

9 CERAMICA BLUE

Französisches Steinzeug, spanische Terrakotta, feines englisches Porzellan: alles einträchtig nebeneinander. Chefköche wie Gordon Ramsay oder Yotam Ottolenghi statten hier ihre Restaurants aus. *Mo–Sa 10–18, So 12–17 Uhr | 10 Blenheim Crescent | ceramicablue.co.uk | U-Bahn Hammersmith & City: Ladbroke Grove | Notting Hill | A5*

Cath Kidston: Geschirr und andere Lieblingsstücke

10 CONTEMPORARY APPLIED ARTS

Die Briten sind spitze in Kunsthandwerk, *crafts*, mit einem zeitgenössischen Touch. In dieser Gemeinschaftsgalerie findest du Einzelstücke von 300 Kunsthandwerkern und Künstlern: Schmuck, Metall- und Holzarbeiten, Keramik, Glas, Textilien. *Di–Fr 11–17, Sa 11–16.30 Uhr | 6 Paddington Street | caa.org.uk | U-Bahn Jubilee: Baker Street | Marylebone | F–G4*

11 LABOUR & WAIT

Moderne Version des traditionellen *hardware shops*. Geschmackvolle und nützliche Objekte und Zubehör für Haus und Garten, ansprechend präsentiert in einem ehemaligen Pub in einer trendigen East-End-Straße. Mops, britische Arbeitskluft etc., alles mit Stil. *Tgl. 11–18 Uhr | 85 Red-*

church Street | labourandwait.co.uk | U-Bahn Northern: Old Street | Bethnal Green | P3

12 BOB & BLOSSOM

Nicht nur Kinder- und Babyklamotten, auch Ballons, Babydecken, Puppen, Geschenkboxen findest du hier. Ein Laden zum Stöbern vor allem während des sonntäglichen Columbia Road Flower Market. *Sa 11–16, So 9–15 Uhr | 140 Columbia Road | bobandblossom.co.uk | U-Bahn Northern: Old Street | Bethnal Green | Q2–3*

13 URBIANA

Ausgefallene Handtaschen, Hüte, Körperschmuck, Ringe und Ketten. *Urbiana* sucht weltweit nach handgefertigten Accessoires und Schmuck. Bei bezahlbaren Preisen wird man hier fündig. *Tgl. 11–19 Uhr | 156 Brick Lane | urbiana.co.uk | U-Bahn Overground: Shoreditch High Street | Spitalfields | Q4*

KAUFHÄUSER

14 HARRODS ★

Am Abend erstrahlt das Haus im Lichterglanz: 12 000 Glühbirnen erleuchten die prächtige ornamentale Terrakottafassade mit den grünen Markisen. Seit der Eröffnung 1849 ist das Kaufhaus eine Londoner Institution mit 300 Abteilungen für Mode, Kosmetik, Spielzeug, Haushaltswaren, Schmuck. In der opulent getäfelten Jugendstil-Food-Hall tummeln sich Hummer und Champagner neben Orangenmarmelade und englischem Tee. Achtung Kleiderordnung: Wehe dem, der mit Sporthosen, Flip-Flops, abgeschnittenen Jeans oder bauchfreiem Top kommt – alles tabu, und Rucksäcke runter vom Rücken! *Mo–Sa 10–21, So 11.30–18 Uhr | 87–135 Brompton Road | harrods.com | U-Bahn Piccadilly: Knightsbridge | Knightsbridge | F8*

15 JOHN LEWIS

Noch eine Institution: seit 1864 in der Oxford Street, zunächst als Warenhaus für Gardinenstoffe. Heute sind auf sieben Etagen Haushaltswaren, Modelabels, Kosmetik und Elektronik vereint. Müde vom Shopping? Setz dich im Sommer auf die schöne Dachgartenterrasse, sonst in eines der Cafés! Eine besondere Ehre: 2008 wurde John Lewis zum „Königlichen Hoflieferant" ernannt. *Mo–Sa 10–20, So 12–18 Uhr | 300 Oxford Street | johnlewis.com | U-Bahn Central, Victoria: Oxford Circus | Marylebone | G–H5*

16 LIBERTY ★

INSIDER-TIPP: Hölzerne Geschichte

Wenn die Treppenstufen in dem schicken Kaufhaus mit der auffälligen Tudor-Fachwerkfassade und der schönen offenen Innenhalle mächtig knarren, dann ist das kein Wunder. Für den Innenausbau wurden 1922 das Holz und die Balken der letzten beiden britischen Holz-Kriegsschiffe verwendet, der „HMS Hindustan" und der „HMS Impregnable", gebaut aus 100 Jahre alten Eichen aus dem New Forest. Schwerpunkte des Kaufhauses sind Mode,

Selfridges: Hier findet man auf kurzen Wegen vielfältige und coole Designerware

Teppiche, Accessoires und ausgefallene Stoffe. Die berühmten Liberty-Drucke aus eigener Produktion (Paisley, Blümchen, Pfingstrosen) gibt's als Notizbücher, Schals, Kosmetiktaschen oder am laufenden Meter zu kaufen. *Mo–Sa 10–20, So 12–18 Uhr | 210–220 Regent Street | liberty.co.uk | U-Bahn Bakerloo, Central, Victoria: Oxford Circus | Soho | H6*

17 SELFRIDGES

Du hast nur zwei Stunden Zeit zum Einkaufen? Selfridges ist Londons bester One-Stop-Shop, mit Konzessionen der beliebtesten Londoner Designer, einer schicken Kosmetik- und Delikatessenabteilung – und leuchtend gelben Einkaufstüten. *Mo–Fr 10–22, Sa 10–21, So 11.30–18 Uhr | 400 Oxford Street | selfridges.com | U-Bahn Jubilee, Central: Bond Street | Marylebone | G5*

18 WESTFIELD

Wenn es mal wieder Bindfäden regnet und du in Shoppinglaune bist, dann fahre mit der U-Bahn nach Westlondon. Hier bietet dir das Shoppingcenter *Westfield (Mo–Sa 10–21, So 12–18 Uhr | Shepherd's Bush, westl. Holland Park | uk.westfield.com/london | U-Bahn Central: Sheperd's Bush, ca. 20 Min. ab Bond Street | Sheperd's Bush)* alles unter einem Dach: Markenmode von Desigern, bekannte Modelabels, Spielsachen, Restaurants und Lokale jeder Couleur, bis hin zum Kino. Ein weiteres Westfield Shoppingcenter befindet sich in *Ostlondon, Stratford City (Mo–Sa 10–21, So 12–18 | Montfichet Road, Olympic Park East London | uk.westfield.com/stratfordcity | U-Bahn Central, Jubilee: Stratford, ca. 25–30 Min. ab Bond Street | Stratford)* beim Queen Elizabeth Olympic Park. *b–c4*

KLASSIKER

19 FORTNUM & MASON ★

Wunderbar exzentrisch, sehr, sehr englisch – und das schon seit 1707. Allein schon die Schaufenster sind Kunstwerke! Touristenmagnet ist die berühmte Feinkostabteilung mit Säulen und Kronleuchtern; Hoflieferant seit 1814. Auch Mode, Accessoires, Geschenke, Afternoon Tea. *Mo–Sa 10–20, So 11.30–18 Uhr | 181 Piccadilly | fortnumandmason.com | U-Bahn Bakerloo, Piccadilly: Piccadilly Circus | St James's | 🕮 H7*

20 JAMES SMITH & SONS

So ein Schirm kann in London zuweilen ganz nützlich sein … Dieser 1830 gegründete Familienbetrieb verkauft *umbrellas* vom Knirps bis zum Sonnenschirm, plus Wanderstöcke & Co. *Di–Fr 10.30–17.30, Sa bis 17.15 Uhr | 53 New Oxford Street | james-smith.co.uk | U-Bahn Central, Northern: Tottenham Court Road | Soho | 🕮 K5*

KOSMETIK

21 JO MALONE

Exklusiv-trendige Parfümerie mit eigener Parfümkollektion; individuell zusammengestellte Pflegekosmetik. *Mo–Mi, Sa 10–18, Do/Fr 10–19, So 11–17 Uhr | 150 Sloane Street | jomalone.co.uk | U-Bahn Circle, District: Sloane Square | Chelsea | 🕮 F9*

22 NEAL'S YARD REMEDIES

Seit über 35 Jahren etablierte, gute Biokosmetik mit aromatherapeutischen Ansprüchen. Die Produkte enthalten ausschließlich natürliche Zutaten und werden nicht an Tieren getestet. Der Original-Shop steht in *Neal's Yard,* Covent Garden; Filialen gibt es überall in London. *Mo–Sa 10–18, So 12–17 Uhr | 15 Neal's Yard | nealsyardremedies.com | U-Bahn Piccadilly: Covent Garden, Central, Piccadilly: Holborn, dann kurzer Fußweg | die Filiale Covent Garden ist immer sehr gut besucht | Covent Garden | 🕮 K6*

23 PENHALIGON'S

Traditions-Parfümhaus, um 1860 von W. H. Penhaligon, dem Parfümeur von Queen Victoria, gegründet. Seifen, eigene Parfüms, der Klassiker: „Lily of the Valley". „Blenheim Bouquet" war Churchills Lieblingsduft. *Mo–Sa 10–19, So 12–18 Uhr | 125 Regent Street | penhaligons.com | U-Bahn Piccadilly: Piccadilly Circus | Mayfair | 🕮 H6*

KULINARISCHES

24 ALGERIAN COFFEE STORES

Vollgestopft, aber bestens sortiert ist dieser Soho-Klassiker seit 130 Jahren. Mit 80 Sorten Kaffee, vom Bio-Bolivianer über den berühmten Jamaica Blue Mountain bis zum teuersten Kaffee der Welt (Kopi Luwak), der vor der Röstung den Verdauungstrakt einer Katze passiert, plus 120 Sorten Tee, in heimeligem Ambiente. Zubehör fürs Kaffee- und Teekochen und spezielle Süßigkeiten ergänzen das Angebot. *Mo–Mi 9–18, Do–Sa 10–19 Uhr | 52 Old Compton Street | algcoffee.co.uk | U-Bahn Northern, Piccadilly: Leicester Square | Soho | 🕮 J5–6*

25 HARDYS ORIGINAL SWEETSHOP

„Like a kid in a sweetshop", sagen die Briten, wenn jemand in seinem Element ist. In diesem britischen Süßwarenparadies in Covent Garden findest du traditionelle Bonbons, Schokoladen-Buttons, cremiges Fudge und Lakritz. Willy Wonka lässt grüßen! *Mo–Sa 11–20, So 11–18 Uhr | 25 New Row | hardyssweets.co.uk | U-Bahn Piccadilly: Leicester Square | Covent Garden | K6*

26 SUGAR SIN

Kurz vor dem Theaterbesuch kaufst du dir schnell etwas Süßes. Der pink-türkisfarbene Laden ist unübersehbar und die *sweets* aus aller Welt unwiderstehlich: bunt, zuckrig, klebrig, zum Selbstabfüllen oder in schöner Designverpackung, Zuckerstangen, Schokolade und vieles mehr. Verführerisch sind die Gummidrops mit Gin- oder Mojito-Geschmack. *Mi–Sa 11–19, So–Di 11–18 Uhr | 1 Russell Street | Piccadilly: Covent Garden | sugarsin.co.uk | U-Bahn Piccadilly: Covent Garden | Covent Garden | K5–6*

INSIDER-TIPP
Beschwipste Tüte

27 M & M'S WORLD

Bunt ist auch der Pillenladen am Leicester Square. Hier rollen die farbigen Schokolinsen gleich über vier Etagen, inklusive aller Merchandise-Artikel. Blickfang ist die riesige Wand mit den farblich sortierten M & Ms in Glasröhren, aus denen du dir die gewünschte Menge abfüllen kannst. *So–Fr 10–21, Sa 12–18 Uhr. Leicester Square/1 Swiss Court | U-Bahn: Piccadilly: Piccadilly, Leicester Square | Covent Garden | J6*

28 HOTEL CHOCOLAT ★

Probier im Café-Shop die herbe Trinkschokolade. Danach kaufst du garantiert noch eine der feinen Schokokreationen, z. B. *Giant Slabs,* schwere Schokoladenplatten, oder Salz-Karamell-Pralinen. Das Unternehmen unterhält eine eigene Kakaoplantage in der Karibik. 26 Filialen in London. *Di–Do, Sa 9–20, Fr 10–19, So/Mo 10–18 Uhr | 4 Monmouth Street | Tel. 020 72 09 06 59 | hotelchocolat.co.uk | U-Bahn Piccadilly: Covent Garden | Covent Garden | J5*

Hardy's, ein Original in Covent Garden

Käseliebhaber kommen auf dem Borough Market ins Schwelgen

29 TWININGS

Seit 300 Jahren wird in diesem Schlauchladen Traditionstee verkauft: Es gibt Dutzende von Sorten. Lieblingstee(beutel) gibt's am Pick-&-Mix-Regal einzeln zu kaufen. An der Tee-Bar darfst du ein Tässchen probieren, noch besser du buchst dir einen Platz (£ 38) in der *Tea Masterclass* und lässt dich von Profis in alle Teegeheimnisse einweihen. *Mo–Mi, Fr–So 11–18, Do 11.30–18.30 Uhr | 216 Strand | twinings.co.uk | U-Bahn Circle, District: Temple | Covent Garden | L6*

INSIDER-TIPP
Tee-Meisterkurs

MÄRKTE & MARKTSTRASSEN

30 BOROUGH MARKET

Londons ältester Lebensmittelmarkt: Schon seit dem 13. Jh. wird an diesem Platz, dem Gelände des Rochester Yard, Obst und Gemüse verkauft. Heute eine beliebte Adresse für Bio-Lebensmittel, Käse, Patisserien, gute Snacks, Fleisch, frischen Fisch und Spezialitäten aus aller Herren Länder. Komm donnerstags, dann ist weniger Gedränge, oder Mo/Di, wenn das Angebot etwas reduziert ist. *Mo–Fr 10–17, Sa 8–17, So 10–15 Uhr | Ecke Borough High Street/Stoney Street | boroughmarket.org.uk | U-Bahn Jubilee, Northern: London Bridge | Southwark | O7*

31 BRICK LANE MARKET ★

Freunde von Streetfood reisen geschmacklich einmal um die Welt, sowohl auf der Straße (ab Bethnal Green Road südwärts) wie im *Boiler House (Nr. 152)*, einer Halle mit Food-Ständen. Am Wochenende schiebt man sich durch den Trubel vorbei an Selbstgenähtem, Schmuck, Secondhand, Vinyl, Ramsch, Schuhen, Trödel – viel, bunt, voll. Epizentrum ist die *Old Truman Brewery*, wo du Köstliches probieren und bei unabhängigen Händlern Selbstgebackenes und -produziertes shoppen kannst. Stöbere auch bei den Designern von Vintage-Schmuck. *Sa 11–17.30, So 10–17 Uhr | sundayupmarket.co.uk | U-Bahn Overground: Shoreditch High Street | Spitalfields | Q3–4*

32 BROADWAY MARKET

Viel London-Atmosphäre verströmt dieser Samstagsmarkt mit seinen Streetfood-Ständen und frischen Bioprodukten zwischen London Fields Park und Regent's Canal. Cafés, urige Pubs und originelle Designläden, z. B.

Fabrications, sind auch anderen Tagen geöffnet. Probier auf dem Markt die leckeren *Violet's Cupcakes* mit wechselnder Glasur. *Sa 9–17 Uhr | broadwaymarket.co.uk | Overground: London Fields | Hackney | R1*

33 CAMDEN MARKET

Kunterbunt, skurril, voll – für Leute, die gerne stöbern und Menschenmassen nicht scheuen: Schmuck, Klamotten, fetzige Designtrends für jeden Geschmack, auch beim Essen. Amy-Winehouse-Fans finden hier ihr Denkmal in typischer Pose oder treffen sich in ihrem alten Pub *Hawley Arms (2 Castlehaven Road). Tgl. ab 10 Uhr bis spät | camdenmarket.com | U-Bahn Northern: Camden Town | Camden | G–H1*

34 PORTOBELLO ROAD MARKET

Samstags Londons größter Straßenmarkt für Antiquitäten; auch Trödel, Obst, Gemüse; Secondhand- und Designermode im Abschnitt nahe Westway. Am besten vom Notting-Hill-Ende aus anfangen. *Sa 9–19 Uhr | Portobello/Golborne Road | portobelloroad.co.uk | U-Bahn Central, Circle, District: Notting Hill Gate | Notting Hill | c4*

35 SPITALFIELDS MARKET

Wo früher Gemüse gehandelt wurde, gibt's heute Mode *(So–Fr 10–18 Uhr),* z. B. originelle Outfits beim *Style Market (Sa 11–17 Uhr),* oder Werke aufstrebender Künstler *(1. Fr im Monat 10–17 Uhr).* Die vielen Streetfood-Gerichte locken dich bestimmt *(Mo–Sa 10–21.30, So 10–17 Uhr). 65 Brushfield Street/Commercial Street | oldspitalfieldsmarket.com | U-Bahn Liverpool Street | Spitalfields | P4*

MODE

36 WOLF & BADGER

„Slow Fashion" lautet hier das Motto: Auf drei Etagen findest du ethisch korrekte Mode und vieles mehr. *Mo–Sa 10–19, So 11–17 Uhr | Coal Drops Yard | wolfandbadger.com | U-Bahn Piccadilly, Northern: King's Cross | King's Cross | J–K2*

37 AGENT PROVOCATEUR

Satin, Schleifchen, Stickereien: sexy Dessous für Glamour Girls. Auch Bikinis und reizvolle Nachtwäsche. *Mo–Sa 11–19, So 12–18 Uhr | 6 Broadwick Street | agentprovocateur.com | U-Bahn Bakerloo, Central, Victoria: Oxford Circus | Soho | J5*

38 STELLA MCCARTNEY

Die Umweltschützerin und Tochter von Beatles-Mitglied Paul eröffnete 2018 einen rundum nachhaltig gestalteten Laden für ihr eigenes Modelabel, in dem sie weder Leder noch Pelze verarbeitet. Im Laden wurden ausschließlich organische Materialien verbaut, ein Belüftungskonzept sorgt für „reine Luft". *Mo–Sa 11–18.30, So 12–18 Uhr | 23 Old Bond Street | stellamccartney.com | U-Bahn Jubilee, Piccadilly: Green Park | Mayfair | H6*

39 ATIKA

Neben Vintage-Klamotten gibt es auch das Label „Remix": Upcycling-Mode, nachhaltig in London gefertigt.

Mo–Sa 11–19, So 12–18 Uhr | 55–59 Hanbury Street | atikalondon.co.uk | U-Bahn Overground: Shoreditch High Street | Spitalfields | Q4

40 COLLECTIF

Die richtigen Outfits für eine Rock'-n'-Roll- oder Sixties-Party: neue Mode im Stil der 50er-/60er Jahre – Kleider aus Polka-Dot-, Blumenstoffen oder grafischen Mustern. Dazu die passende Jacke oder Tasche, und alles nicht zu teuer. *Tgl. 11–18.30 Uhr | Unit 36, Stables Market, Chalk Farm Road | collectif.co.uk | U-Bahn Northern: Camden Town | Camden Town | G1*

41 DOVER STREET MARKET

Beautiful chaos ist der Slogan dieses angesagten Shoppingkonzepts, entworfen von der Comme-des-Garçons-Chefin Rei Kawakubo: Designermode und Streetwear auf fünf Etagen, und ein Café in der obersten. *Mo–Sa 11–19, So 12–18 Uhr | 18–22 Haymarket | doverstreetmarket.com | U-Bahn Bakerloo, Piccadilly: Piccadilly Circus | Covent Garden | J6*

42 69B

Ökologisch produzierte Mode hat längst nichts Langweiliges mehr. Diese Boutique in Hackney verkauft schicke Kleider, Jacken, Taschen, Schuhe und vieles mehr von Designerlabels mit Ökoanspruch: Marimekko, Lanius, Beaumont Organic, Komodo. Gut zu verbinden mit einem Bummel über den *Broadway Market* am Sonntag. *Mo–Fr 10.30–18.30, Sa 10–18, So 11–18 Uhr | 69B Broadway Market | 69bboutique.com | U-Bahn Overground: London Fields | Hackney | R1*

INSIDER-TIPP
Nachhaltig shoppen

MUSIK

43 FOPP

Der ehemals unabhängige Laden mit hochwertigem Indie-Programm gehört nun zum bekannten Label HMV (His Master's Voice), bietet aber neben einem großen Sortiment an Musik immer noch auch Bücher und Arthouse-Kino- sowie Klassiker-DVDs, oft zu günstigen Preisen. *Mo–Sa 10–21, So 12–18 Uhr | 1 Earlham Street | fopp.com | U-Bahn Piccadilly: Covent Garden | Covent Garden | J6*

44 ROUGH TRADE EAST

Musikladen mit toller Auswahl an Indie, Rock, Dance, Countryfolk und Musikrichtungen, von denen du wahrscheinlich noch nie etwas gehört hast, mit *listening posts* zum Reinhören. Außer Platten gibt es regelmäßig Live-Gigs im Laden, meist um 19 Uhr, und das oft noch kostenlos! Sachkundige Bedienung, gute Tipps. *Mo–Sa 10–19, So 11–17 Uhr | Old Truman Brewery | 91 Brick Lane | roughtrade.com | U-Bahn Liverpool Street | Spitalfields | Q4*

INSIDER-TIPP
Nicht alles Rille

SCHUHE

45 IRREGULAR CHOICE

Ungewöhnliche, farbenfrohe Patchwork-Schuhe, die mit Puscheln, Schleifen, Glimmer und Blümchen,

Trends, Inspirationen und Designer unter einem Dach: Dover Street Market

Stickereien und Punkten daherkommen – Design à la Alice im Wunderland. Die Kollektion für den Mann ist ähnlich bunt, kommt aber ohne Glitter und Flitter aus. Zum Schuh passende Strümpfe, Handtaschen und Modeschmuck findest du hier auch. *Mo–Sa 10–19, So 11–18 Uhr | 35 Carnaby Street | irregularchoice.com | U-Bahn Central, Bakerloo: Oxford Circus | Soho | H6*

46 OFFICE

Tragbar bis *crazy* und nicht zu teuer sind die Damen-, Herren- und Kinderschuhe in witzigen Formen, Mustern, Materialien. Jede Menge „Trainers", auch nachhaltig produzierte, sowie „Hunter"-Gummistiefel findest du hier. *Mo–Sa 10–20, So 12–19 Uhr | 16 Carnaby Street | office.co.uk | U-Bahn Central, Victoria: Oxford Circus | Soho | H6*

47 THE THIRD ESTATE

Boots, Trainers, Sandalen und für Frauen auch Pumps, die vegan und nachhaltig hergestellt sind, bekommst du in diesem Laden. Die dazu passenden Accessoires wie Gürtel und Taschen sind ebenfalls lederfrei und die Socken aus recycelter Bio-Baumwolle. *Mi–Fr 10–19, Sa bis 18 Uhr | 27 Brecknock Road | thethirdestate.co.uk | U-Bahn Piccadilly: Caledonian Road | Camden Town | c3–4*

48 VIVOBAREFOOT

Wie Barfußlaufen: Neben minimalistischer Ausstattung haben die leichten, flexiblen Schuhe eine extrem dünne Sohle und werden aus recyceltem Material umweltfreundlich produziert. *Mo–Sa 10–18.30, So 12–17.30 Uhr | 64 Neal Street | vivobarefoot.com/uk | U-Bahn Piccadilly: Covent Garden | Covent Garden | K5–6*

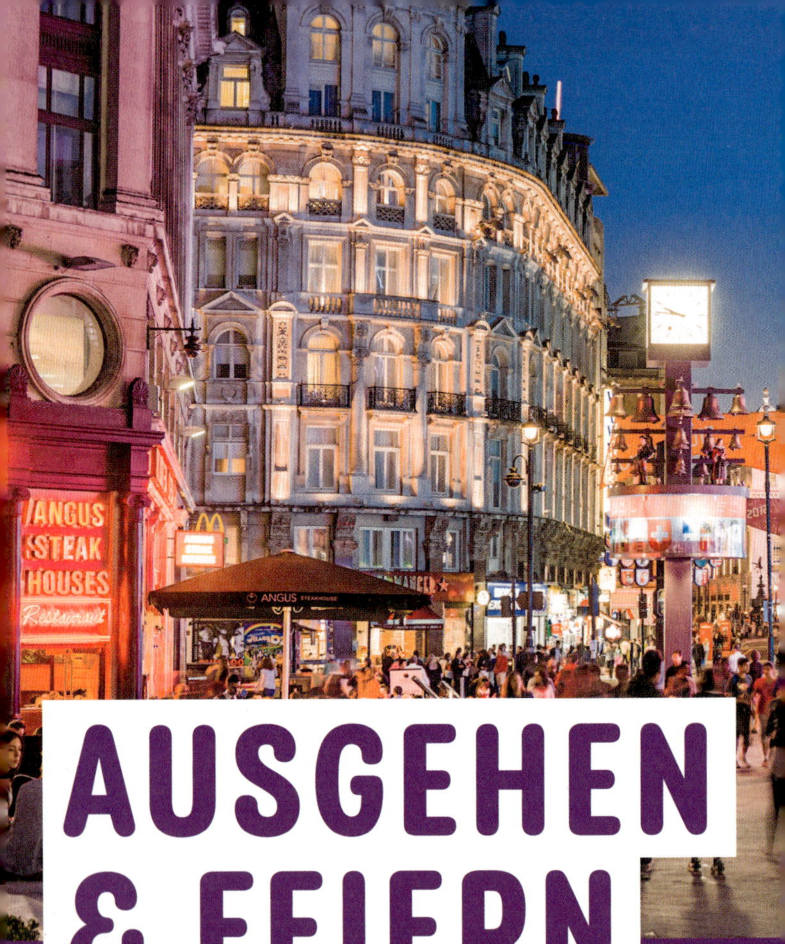

AUSGEHEN & FEIERN

Im Westend (Soho und Covent Garden) hat man die große Auswahl zwischen Theater, Musical, Kino oder Konzert. Auf Londons Theaterbühnen erlebt man Stars wie Benedict Cumberbatch, Vanessa Redgrave, Ian McKellen oder Martin Freeman. Das Musikprogramm reicht vom Musical bis zur klassischen Oper, vom hochkarätigen Sinfonieorchester bis zum Tanzensemble, vom Rockkonzert bis zur Jazzkneipe.

Junge Britmusiker setzen in Clubs neue Trends. Ob winzige Basement-DJ-Bars oder Superclub – die Szene wechselt schnell. Ange-

Alle Adressen in diesem Kapitel findest du auf der Faltkarte 🕮

Zentrum des Entertainments: Leicester Square

sagte *clubnights* für House, Techno, Hip-Hop, R & B, Electroclash oder Dubstep finden an wechselnden Orten *(venues)* statt.
Im Pub, das als zweites Wohnzimmer dient, trifft man sich zum After-Work-Drink. Hier bestellst du direkt an der Theke und bezahlst sofort, ohne Trinkgeld zu geben. Neben historischen Pubs mit interessanten Biersorten finden sich immer mehr Gastropubs, deren Menükarten ambitionierte Gerichte versprechen. Das Londoner Nightlife ist bunt und ganz und gar nicht langweilig!

WO LONDON AUSGEHT

MARCO POLO HIGHLIGHTS

★ **CONNAUGHT BAR**
Stilvolle Hotelbar mit erstklassigen Cocktails ➤ S. 100

★ **KOKO**
Dancefloor und Clubbing mit Theateratmosphäre ➤ S.102

★ **VILLAGE UNDERGROUND**
Clubnights im viktorianischen Lagerhaus ➤ S. 103

★ **BARBICAN**
Kulturzentrum der Extraklasse ➤ S.105

★ **ENGLISH NATIONAL OPERA**
Ohren- und Augenweide für Freunde der Klassik ➤ S. 106

★ **BLACK FRIAR**
Wunderschöner Jugendstil-Pub ➤ S. 107

★ **THE SALISBURY**
Ein Stück altes England – sehr stilecht ➤ S. 108

★ **NATIONAL THEATRE**
Shakespeare, modern & Co. ➤ S.108

BARS

1 THE COCKTAIL TRADING COMPANY

Halb Cocktailbar, halb gemütlicher Pub: Der freundliche Barmann serviert die Getränke schon mal in ungewöhnlichen Gefäßen wie einem Keramikbecher oder Schneckenhaus. Die geschichtsträchtigen, lesenswerten Inspirationen zu den Cocktailkreationen (alle £ 11) sind in der Karte beschrieben. *Mo–Mi 17–23.30, Do/Fr 17–24, Sa 14–24, So 14–23 Uhr | 68 Bethnal Green Road | thecocktailtradingco.com | Overground: Shoreditch High Street | Shoreditch | Q3*

INSIDER-TIPP
Cocktail-Geschichte

2 ALL STAR LANES

Eine ruhige Kugel schieben geht anders: Beim „Boutique-Bowling" wird auf die *strikes* (alle Zehne) gern mit Cocktails angestoßen oder etwas bodenständiger mit Bier. Eine Filiale gibt es in der Brick Lane im trendigen Shoreditch. *Mo–Do 15–23.30, Fr/Sa 12–2, So 11–22.30 Uhr | Victoria House | Bloomsbury Place | allstarlanes.co.uk | U-Bahn Central, Piccadilly: Holborn | Bloomsbury | K4*

WOHIN ZUERST?

Das **West-End** um Piccadilly Circus, Leicester Square und Covent Garden bietet die größte Dichte an Theatern, Kinos, Bars, Clubs. **Camden** bedient die alternativere Szene, **Islington High Street** ist ein guter bürgernaher Kompromiss, während sich im trendigen **East End** (Hoxton, Shoreditch, Dalston) die angesagtesten Clubs und Bars verstecken.

3 CONNAUGHT BAR ★

Eine der besten Hotelbars in London. Warum? Die Art-déco-Einrichtung verströmt einen Hauch von Luxus und Eleganz. Schmeiß dich in den guten Zwirn und dann in eines der bequemen Sofas. Du kannst wie James Bond einen Martini ordern, der für dich direkt am Platz gemixt wird. *Mo–Sa 16–1 Uhr | 16 Carlos Place/Ecke Mount St. | the-connaught.co.uk | U-Bahn Central, Jubilee: Bond Street | Mayfair | G6*

INSIDER-TIPP
Gerührt oder geschüttelt?

4 FRANK'S CAFÉ

Freiluftbar mit marodem Chic: Zum Sundowner-Cocktail (ab £ 8) auf dem Dach eines ausrangierten Parkhauses in Peckham ist das London-Panorama inklusive. An den groben Holztischen kann man an lauen Abenden auch mit Bier, Wein und Cider gut chillen. Dazu gibt's Snacks, kleine Gerichte und am Wochenende Brunch (nur Kartenzahlung!) Bei Regen kommt die rote Plane raus. *Ab ca. Mitte Mai bis Mitte/Ende Sept., Do–So 11–23 Uhr | 95a Rye Lane, 10. Etage des Peckham Multi Store Carpark (kein Aufzug!) | Eingang neben dem Multiplex-Kino | boldtendencies.com/franks-cafe | U-Bahn Overground: Peckham Rye | Peckham (Süd-London) | c4*

All Star Lanes: sportliche Bar à la USA, nur ein bisschen edler

5 SWIFT

Im Erdgeschoss der zweigeteilten Bar trinkst du Aperitifs und Cocktails, Klassiker und neue Kreationen. Wie wäre es mit dem „Kew Gardens" (Gin, Gurke, Basilikum, Prosecco)? Die Whiskybar im Untergeschoss verführt dich mit 300 Sorten aus aller Welt (ab 17 Uhr) und unterhält dich am Wochenende mit Livemusik. *Tgl. ab 15, Sa ab 13, Di ab 17 Uhr | 12 Old Compton Street | barswift.com | U-Bahn Central: Tottenham Court Rd | Soho | J5–6*

6 TAYĒR + ELEMENTARY

Im vorderen Teil der Bar – zur Straße hin – bekommst du im Elementary gängige Cocktails und Snacks serviert. Im hinteren Bereich verbirgt sich das minimalistisch gestaltete Tayēr: Inmitten des Thekenquadrats werden in einem wahren Cocktaillabor die Getränke gemixt. Das kreative Team ersinnt oft neue Drinks, die alle großartig schmecken. *Di–Mi 15–24, Do–Sa 15–1 Uhr (Tayēr nur Do–Sa) |152 Old Street | tayer-elementary.com | U-Bahn Northern: Old Street | Shoreditch | N–03*

7 PERMIT ROOM AT DISHOOM KING'S CROSS

Postkolonialer Bar-Chic im *Dishoom King's Cross*, einem der beliebten Irani-Bombay-Cafés, auf dem neu belebten Gelände am Granary Square. Im Untergeschoss des coolen viktorianischen Industriegebäudes sorgen dunkles Holz, grüne Lederbänke und sparsame Beleuchtung für gute Atmosphäre. Heute braucht man keine ärztliche Genehmigung *(permit* spielt auf die Zeit der Prohibition in Bombay 1949 an; damals erhielt man in iranischen Cafés Alkohol auf Rezept), um sich an einem der kolonial-indisch inspirierten Cocktails zu freuen. *Mo–Mi 8–23, Do/Fr bis 24, Sa*

9–24, So 9–23 Uhr | 5 Stable Street | Tel. 020 74 20 93 21 | dishoom.com/kings-cross | U-Bahn Victoria, Northern: Tube King's Cross | Bloomsbury | ⊞ K1–2

8 SAVAGE GARDEN

Die gläserne Cocktailbar im 12. Stockwerk des *DoubleTree Hilton – Tower of London* bietet einen wunderbaren Ausblick auf Londons Südufer, Themse und Tower Bridge, den Skyscraper The Shard und die St Paul's Cathedral. Noch cooler: im Sommer beim Chillen auf der *Pink Gin Terrace*. *Mi 16–24, Do/So 15–24, Fr/Sa 15–1 Uhr, unter 18 J. nur bis 18 Uhr | Dresscode: Smart Casual | 7 Pepys Street | doubletree3.hilton.com | U-Bahn Central, District: Tower Hill | City | ⊞ P6*

9 ORIOLE

Etwas versteckt in den Smithfield-Markthallen liegt diese angesagte Bar. Das Interieur aus dunklem Holz und gemalten Urwaldszenen vermischt sich mit stylischem Mobiliar zu einer kolonialzeitlich angehauchten Atmosphäre. Die Cocktailauswahl ist riesig, jedes Getränk fantasievoll dekoriert. *Di–Sa ab 18 Uhr bis spät, Livemusik ab 21 Uhr, Eintritt Di–Do £ 6, Fr/Sa £ 10–15 | Bezahlung nur mit Karte | Mindestalter 21 J. | East Poultry Avenue, Smithfield Markets | oriolebar.com | U-Bahn Circle, Metropolitan: Barbican | City | ⊞ M4*

10 FITZ'S

Das Licht fällt durch Buntglasfenster in den holzvertäfelten Raum: Die Bar im Kimpton Fitzroy Hotel bietet mit gedämpfter Atmosphäre im Art-déco-Look der 1920er-Jahre den richtigen Rahmen für einen stilvollen Cocktail. Auch die Auswahl an Whiskys ist riesig. *So–Do 18–24, Fr/Sa 15–1 Uhr | 1–8 Russell Square | fitzs.co.uk | U-Bahn Piccadilly: Russell Square | Bloomsbury | ⊞ K4*

CLUBS & CLUBNIGHTS

Nachtschwärmer können nur Fr/Sa die Night-Tube rund um die Uhr nutzen (U-Bahn-Linien Central, Jubilee, Northern, Victoria), sonst fahren Nachtbusse. Infolge der Pandemie hat sich der Ausgehtag vieler Angestellter jedoch von Fr auf Mi/Do verlagert (Mo und Fr sind Homeoffice-Tage). Ausgehtipps findet man auf *londonnightguide.com, designmynight.com, timeout.com/london.*

11 CORSICA STUDIOS

Die Location in Südlondon verteilt sich auf zwei überschaubare Räume unter den Bahnbögen. Coole Bar, DJs legen House und Techno auf, Fr/Sa Livemusik. Das Soundsystem ist so gut, dass man an der Bar Ohrstöpsel bekommen kann, wenn es zu laut ist. *Tgl. ab 22 Uhr bis spät | 4–5 Elephant Road | corsicastudios.com | U-Bahn Bakerloo, Northern: Elephant & Castle | Southwark | ⊞ N9*

INSIDER-TIPP
Ohrenbetäubend!

12 KOKO ★

Das traditionsreiche denkmalgeschützte Gebäude wurde im Jahr 1900 als Theater eröffnet, später diente es als

Tanzen bis zum Morgengrauen: Clubnight im angesagten Village Underground

Varieté, in dem Charlie Chaplin auftrat. Schon seit den 1980er-Jahren wird es für Konzerte von Madonna & Co. genutzt. Nach gründlicher Renovierung ist der Club nun um einige Räume erweitert und du darfst im ursprünglichen Theatersaal feiern – eine ganz besondere Atmosphäre. Fr/Sa gibt's *Clubnights* auch mit Livemusik sowie Konzerte aller Musikgenres *(Eintritt ab £ 16,50 | Club Nights 22–5, sonst 19–23, Roof Terrace Bar 12–24 Uhr).* Nebenan im *Koko Café (74 Crowndale Road | Tel. 020 73 88 32 22 | Mo–Mi 8–1, Do–Sa bis 2, So 9–22 Uhr)* wirst du fast rund um die Uhr mit Pizza, Sandwiches, Kaffee und Cocktails versorgt. *1a Camden High Street | koko.uk.com | U-Bahn Northern: Mornington Crescent | Camden Town | H2*

13 VILLAGE UNDERGROUND ★

Wenn du das Graffiti an der Außenfassade und die ausrangierten bunten U-Bahn-Waggons auf dem Dach gefunden hast, bist du richtig: Ein ausgedientes viktorianisches Lagerhaus bietet einem gemischten Publikum von Goths über Hipster bis zu Fashiongirls besondere Clubnights mit Electro, Hip-Hop und Indie sowie Livekonzerte. *Wechselnde Tage, ab 19.30 Uhr | ab £ 17,50 | 54 Holywell Lane | villageunderground.co.uk | U-Bahn Overground: Shoreditch High Street | Shoreditch | P4*

14 XOYO

Beste Clubbing-Location, fest in Shoreditch etabliert: Auf zwei Dancefloors im Lagerhallenchic legen gute DJs auf.

Feinsten britischen Humor erlebst du im Comedy Store

Regelmäßig mischen Top-DJs für drei Monate das Samstagnachtprogramm musikmäßig mit Disco, House und Techno auf. *Mo, Mi, Do ab 22, Fr, Sa ab 21.30 Uhr | Mindestalter 20 J., von Mo–Do ab 18 J., Dresscode beachten | ab £ 11,20 | 32–37 Cowper Street | xoyo.co.uk | U-Bahn Northern: Old Street | Shoreditch | 🕮 O3*

SUPA DUPA FLY

Du suchst *die* London-Partynight? Mit einer Mischung aus R & B, Hip-Hop und Garage Rock Sounds aus den 1990er- und frühen 2000er-Jahren? Dann check online die Partylocation, denn die wechselt wöchentlich. Eine der besten weiblichen DJs des Landes, Emily Rawson, legt auf; hin und wieder Livemusik. Locations in Peckham, Shoreditch, Brixton, Bloomsbury. *Fr/Sa meist 21–3 Uhr | Eintritt ab £ 8, online buchen | supadupaflylove.com | facebook: supadupaflylove*

INSIDER-TIPP
Legendäres Event

COMEDY

15 THE COMEDY STORE

In dem noch immer beliebtesten Comedy Club der Stadt formierte sich Anfang der 1970er-Jahre die alternative Comedyszene. *Tgl. meist ab 19.30/20 Uhr | ab £ 20 | 1a Oxendon Street | Tel. 020 70 24 20 60 | thecomedystore.co.uk | U-Bahn Bakerloo, Piccadilly: Piccadilly Circus | Covent Garden | 🕮 J6*

KINOS

16 BFI LONDON IMAX CINEMA

Du erlebst 3-D-Movies, Blockbuster, Opernübertragungen und *All Nighters*-Nächte mit tollem Sound auf dem größten Screen des Landes: 20 mal 26 m! *Ab £ 16 | 1 Charlie Chaplin Walk | bfi.org.uk/bfi-imax | U-Bahn: Waterloo | South Bank | 🕮 L7*

17 BRITISH FILM INSTITUTE

Klassiker, Aktuelles und Regisseur-Specials – Cineasten finden jede Menge Leckerbissen. Jährliches Repertoire: um die 2000 Filme; beim London Filmfestival im Oktober jede Menge brandneuer Streifen. Und in der gut bestückten Mediathek *(Di–So 11–21 Uhr)* schaut man Filme für lau. *Tgl. 11–20.45 Uhr | South Bank | Tel. 020 79 28 32 32 | bfi.org.uk | U-Bahn Waterloo | South Bank | 🕮 L7*

18 PRINCE CHARLES CINEMA
Klassiker und Kultfilme, aktuelle Filme erst nach einigen Wochen (nachmittags ab £ 10,50, abends ab £ 14) zeigt das zentral gelegene Kino. *7 Leicester Place | Tel. 020 74 94 36 54 | princecharlescinema.com | U-Bahn Northern, Piccadilly: Leicester Square | Covent Garden | J6*

19 ODEON CINEMA LEICESTER SQUARE
Der Filmpalast für Premieren, bei denen der rote Teppich für illustre Gäste ausgerollt wird. Mit über 1600 Plätzen zählt es zu den größten Kinos. Gezeigt werden Blockbuster. Wenn du dich auf der Homepage als „Member" anmeldest, kannst du günstige Tickets ab £ 6 ergattern. *Tgl. ab 14.30 Uhr | 24–26 Leicester Square | odeon.co.uk | U-Bahn: Piccadilly, Northern: Leicester Square | Covent Garden | J6*

KONZERTE & GIGS

20 BARBICAN ★
In diesem labyrinthischen Komplex verirren sich selbst Einheimische. Das Kulturzentrum, Heimat des renommierten London Symphony Orchestra, bietet ein exzellentes und vielfältiges Konzert-, Ausstellungs- und Theaterprogramm. *£ 12–65 | Silk Street | Tel. 020 71 01 11 88 | barbican.org.uk | U-Bahn Circle, Hammersmith & City, Metropolitan: Barbican | City | N–O4*

21 CADOGAN HALL
Die Konzerthalle ist in einer turmgekrönten, ehemals von der Sekte „Boston Church of Christ" genutzten Kirche untergebracht. Diverse Musikrichtungen, hohe Qualität. *5 Sloane Terrace | Tel. 020 77 30 45 00 | cadoganhall.com | U-Bahn Circle, District: Sloane Square | Belgravia | F9*

22 RONNIE SCOTT'S
Legendärer Jazzclub in Soho, in dem Giganten wie Miles Davis oder Count Basie auftraten. *Mo/Di 17.30–22.30, Mi–Sa bis 3 Uhr, So Lunchtime-Konzerte 12–16 Uhr | ab £ 15 | 47 Frith Street | Tel. 020 74 39 07 47 | ronniescotts.co.uk | U-Bahn Northern, Piccadilly: Leicester Square | Soho | J6*

23 VORTEX JAZZ CLUB
Seit mehr als 30 Jahren *der* Ort für Modern Jazz. Mit bekannten Musikergrößen gewann der Club den Livejazz-Preis und bietet jungen Talenten eine Plattform. In der Downstairs-Bar gibt es eine zweite Bühne, wo die Konzerte oft kostenlos sind. Eintritt sonst ab £ 15. *Mi–Sa 19–23 Uhr | 11 Gillett Square | Tel. 020 72 54 40 97 | vortexjazz.co.uk | Dalston Kingsland (Overground) | Dalston | c3*

MUSICALS

24 WICKED
Neuinterpretation des „Zauberers von Oz", in dem die beiden Hexen Elphaba und Glinda ihren Kampf um Gut und Böse ausfechten. Nicht nur die Musik, auch Bühne und Kostüme verzaubern. *Ab £ 25 | Apollo Victoria Theatre | 17 Wilton Road | theapollovictoria.com, wickedthemusical.co.uk | U-Bahn Victoria: Victoria Station | Westminster | H9*

25 DIRTY DANCING

In den 1960ern lernt Frances im Sommerlager tanzen und verliebt sich in ihren Lehrer Johnny. Die Mambomusik und der erotische Tanz machten den gleichnamigen Film aus den 1980ern berühmt. Mit Feelgood-Faktor und du bekommst selbst Lust aufs Tanzen! *£ 28–81 | Dominion Theatre | 268–269 Tottenham Court Road | dominion.theatre-tickets.com/tickets | U-Bahn Northern, Central: Tottenham Court Road | Soho | J5*

INSIDER-TIPP
Let's Dance

26 GUYS AND DOLLS

Der Plot spielt in Manhattan und Havanna und dreht sich um zwei Herren, die dem Glücksspiel frönen, und zwei Damen, deren Liebesglück durch eine Wette ins Trudeln gerät– am Ende finden aber alle zueinander. Mit Gospelsongs, intimen Romanzen und mitreißenden Tanzszenen. *Ab £ 25 | Bridge Theatre | 3 Potters Fields Park | bridge theatre.co.uk | U-Bahn Northern: London Bridge | Southwark | P7*

MUSIKBARS

27 CAFÉ OTO

Oto ist Japanisch für „Klang", hier hörst du die aktuellsten eklektischen World-Sounds jenseits des Mainstreams. Tagsüber bekommst du im Café *(Mo–Sa 9–17, So ab 10 Uhr)* Snacks und kannst nebenbei in Büchern und Schallplatten stöbern und kaufen. *Konzerte meist um 19 Uhr | ab £ 14 | 18–22 Ashwin Street | cafeoto.co.uk | Zug: Dalston Kingsland, Dalston Junction (Overground) | Dalston | c3*

28 STAR OF BETHNAL GREEN

Treffpunkt der East-End-Szene zu DJ-Sets, Gigs, Comedy-Shows, Quiz- und Karaoke-Abenden, Games-Tauschbörsen u. a. Events. Zusätzlicher Pluspunkt ist die große Auswahl an erschwinglichen Gerichten. *Mo–Do 16–24, Fr/Sa 12–2, So 12–24 Uhr | 359 Bethnal Green Rd. | Tel. 020 74 58 44 80 | starofbethnalgreen.com | U-Bahn Central: Bethnal Green | Bethnal Green | R3*

OPER

29 ENGLISH NATIONAL OPERA ★

Die ENO im Coliseum ist die Heimat des klassischen Opernrepertoires in englischer Sprache. Für Jüngere ist die Oper durchaus erschwinglich: Registrier dich als „Member" für eine Gratiskarte (16- bis 20-Jährige) oder ein Ticket ab £ 15 (für unter 35-Jährige). Studierende können ab 12 Uhr am Tag der Vorstellung günstige Standby-Tickets ergattern. *Tickets £ 10–150 | 33 St Martin's Lane | Tel. 020 78 45 93 00 | eno.org | U-Bahn Northern, Piccadilly: Leicester Square | Covent Garden | K6*

30 KING'S HEAD

Ob Mozarts „Don Giovanni", Bizet's „Carmen" oder Verdis „Un ballo in maschera" – ins Englische übertragen, ohne ein ganzes Orchester, aber mit Klavierbegleitung singen gut ausgebildete Sänger vor 100 Gästen moderne Versionen klassischer Opern. Die Wohnzimmeratmosphäre

INSIDER-TIPP
Mini-Oper auf Englisch

Ein Auftritt in der Royal Albert Hall ist der Ritterschlag für die Größten der Großen

im ältesten Pub-Theater der Stadt (seit 1970) ist perfekt. Für kleines Geld sitzt du hautnah mitten im Geschehen, Mitwirken inklusive. *£ 27 | vorbuchen, Einlass über Namensliste | 115 Upper Street | Tel. 020 72 26 85 61 | kingsheadtheatre.com | U-Bahn Northern: Angel | Islington | M1*

31 ROYAL ALBERT HALL

Aus dem großen Konzertangebot dieser Londoner Institution sind die Promenadenkonzerte *Sommer-Proms* besonders empfehlenswert *(£ 10–70 | Tel. 020 75 89 82 12)*. Siehe S. 32. *D8*

32 ROYAL OPERA HOUSE

Weltberühmtes Opernhaus und Ballett. Die schön restaurierte *Paul Hamlyn Hall* ist frei zugänglich *(tgl. ab 10 Uhr)*. Du kannst bei einer Backstage-Tour hinter die Kulissen schauen *(£ 16)*. Wenn du freitags Punkt 13 Uhr am Drücker bist, kannst du beim „Friday rush" online eins der 49 Tickets für (ausverkaufte) Aufführungen der kommenden Woche ergattern. *£ 10–285 | Bow Street | Tel. 020 73 04 40 00 | roh.org.uk | U-Bahn Piccadilly: Covent Garden | Covent Garden | K5–6*

INSIDER-TIPP
Schneller Klick

PUBS

33 BLACK FRIAR ★

Schöner Arts-&-Crafts-Jugendstil-Pub. Überm Eingang wacht eine Mönchsfigur, drinnen trinkt man zwischen Bronzereliefs und Marmor. Gezapft werden verschiedene Ales; auch britisches Craft-Bier und geniale Gin-Auswahl. Dazu typisches Pub-Essen, z. B. *sausage & mash* oder *fish & chips. Mo–Sa 11.30–23, So*

12–18 Uhr | 174 Queen Victoria Street | Tel. 020 72 36 54 74 | U-Bahn Circle, District: Blackfriars | City | M6

34 THE DOVE

400 Jahre alter, wunderbar atmosphärischer Pub in ländlicher Umgebung direkt an der Themse, verfügt laut Guinness-Buch der Rekorde über den kleinsten Barraum der Welt. Der Wintergarten ist ein idealer Aussichtspunkt für das Oxford-Cambridge-Bootsrennen im März, auf der Terrasse chillt man im Sommer. *Mo–Sa 12–23, So 12–22.30 Uhr | 19 Upper Mall | Tel. 020 87 48 94 74 | dovehammersmith.co.uk | U-Bahn District: Ravenscourt Park | Hammersmith | b4*

35 OLD FOUNTAIN

Gemütlicher Pub mit Gartenterrasse und enormer Bierauswahl: *real ales*, Craft-Biere, Flaschenbier. Man sollte schon trinkfest sein, wenn man alles probieren möchte. Besser vermutlich, man kommt noch mal wieder. *Mo 15–23, Di–Sa 12–23, So 12–20 Uhr | 3 Baldwin Street | Tel. 020 72 53 29 70 | oldfountain.co.uk | U-Bahn Northern: Old Street | Shoreditch | O3*

36 RED LION

Schon seit 1821 besteht der kleine Pub mit wunderbar geschliffenem Glasinterieur im schicken St James's. Beliebter Treff fürs After-Work-Bier. *Mo–Sa 11.30–22 Uhr | 2 Duke of York Street | Tel. 020 73 21 07 82 | redlionmayfair.co.uk | U-Bahn Circle, District: Piccadilly Circus, St James's Park | St James's | H7*

37 THE SALISBURY ★

Ein Pub zum Wohlfühlen und einer der schönsten viktorianischen „Gin-Paläste" der Stadt: Das Interieur prunkt mit Mahagoniholzschnitzereien und blütenähnlichen Lampen, gehalten von Art-nouveau-Nymphen. Einzigartig sind die Trennwände aus geätztem Glas mit Blumenranken. Nahe der West-End-Theater. *Mo–Do 11–23.30, Fr/Sa bis 24.30, So bis 22.30 Uhr | 90 St Martin's Lane | Tel. 020 78 36 58 63 | U-Bahn Northern, Piccadilly: Leicester Square | Covent Garden | J6*

THEATER & TANZTHEATER

Tickets bekommst du am Leicester Square oder direkt an der Theaterkasse *(s. Kap. Gut zu wissen)*.

38 DONMAR WAREHOUSE

Rising Star der Londoner Theaterszene, mit dem einen oder anderen Hollywood-Star auf der Bühne wie Judy Dench oder Jude Law. Untergebracht in einer Lagerhalle aus dem 19. Jh. *Ab £ 10 | 1 Earlham Street | Tel. 020 32 82 38 08 | donmarwarehouse.com | U-Bahn Piccadilly: Covent Garden | Covent Garden | K6*

39 NATIONAL THEATRE ★

Großbritanniens renommiertes Nationaltheater vereint drei Häuser *(Dorfman, Lyttleton, Olivier)* für klassische und zeitgenössische Stücke. Erster Direktor war Laurence Olivier. *Ab £ 20 | Upper Ground | Tel. 020 39 89 54 55 | nationaltheatre.org.uk | U-Bahn Waterloo | South Bank | L6–7*

40 SADLER'S WELLS THEATRE
Im führenden Tanztheater des Landes wirbeln die besten Compagnien über die Bühne. *Ab £ 15 | Rosebery Avenue | Tel. 020 78 63 80 00 | sadlerswells.com | U-Bahn Northern: Angel | Finsbury | M3*

41 SOHO THEATRE
Erfolgsstory der Londoner Theaterszene, das Programm ist ein guter Mix aus neuen Stücken, Importen und Comedy. *Ab £ 14 | 21 Dean Street | Tel. 020 74 78 01 00 | sohotheatre.com | U-Bahn Central, Northern: Tottenham Court Road | Soho | J5*

The Salisbury punktet mit Ambiente

WEINBARS

42 THE REMEDY
Zu weniger bekannten Tropfen gibt es hier Käse, Wurst und kleine Gerichte. *Di–Sa 16–24 Uhr | 124 Cleveland Street | Tel. 020 34 89 38 00 | theremedylondon.com | U-Bahn Northern, Victoria: Warren Street | Fitzrovia | H4*

43 PEPITO
Echt lecker, die Tapas hier! Kleine authentisch-andalusische Sherrybar mit Bodega-Ambiente mitten in London. Sa/So auch Brunch (12–16 Uhr). *Mo–Sa 12–24, So 12–22 Uhr | 3 Varnishers Yard | Tel. 020 78 41 73 31 | camino.uk.com | U-Bahn Northern, Piccadilly: King's Cross | King's Cross | K2*

44 DALY'S WINE BAR
Beliebte Weinbar mit britisch-französischer Küche, Snacks wie die Käseauswahl und für den größeren Appetit Bouillabaisse oder Steak. Wein-Tasting mit Menü (£ 49). *Tgl. 12–23, Küche Mo–Fr bis 21.30 Uhr | 210 The Strand | Tel. 020 75 83 44 76 | dalyswinebar.co.uk | U-Bahn Circle, District: Temple | Temple | L6*

24-HOUR-LONDON

45 BRICK LANE BEIGEL BAKE
Diese Bäckerei ist eine Institution. Günstige Bagels mit Lachs, Frischkäse, Salzbeef. Stehtheke. *Tgl. 24 Std. | 159 Brick Lane | Overground: Shoreditch High Street | Bethnal Green | Q3*

46 TINSELTOWN
Während London schläft, checkst du im American Diner deine Mails. *Tgl. 12–3 Uhr | 44–46 St John Street | tinseltown.co.uk | U-Bahn Circle, Hammersmith & City, Metropolitan: Farringdon | Holborn/Clerkenwell | M4*

AKTIV & ENTSPANNT

Fast live dabei auf dem Henman Hill in Wimbledon

THE CHAMPIONSHIPS
PHILIPS

SPORT, SPASS & WELLNESS

FUSSBALL FÜR FANS

Die Briten sind ein fußballverrücktes Volk. Kein Wunder, schließlich wurde das Spiel hier erfunden. Für London kicken in der Premier League die Clubs von Arsenal, Brentford, Chelsea, Tottenham Hotspurs, Crystal Palace, West Ham United und Fulham. Tickets für Premiership-Spiele sind schwer zu bekommen; probier es auf *sportsevents 365.de,* oder bei der Liga darunter, der Championship League. Fußballluft hinter den Kulissen schnupperst du bei einer Tour durchs *Wembley-Stadion (£ 22 | Tel. 0800 1699933 (*), aus Deutschland: 0044 8448002755 | wembleystadium.com | U-Bahn Jubilee: Wembley Park, ca. 40 Min. ab Westminster | Wembley | 0).*

CRICKET

Englischer geht's nicht. Cricket ist die englische Sommersportart schlechthin. Internationale Testmatches dauern bis zu fünf Tage. Gespielt wird seit über 200 Jahren im Stadion *Lord's Cricket Ground* westlich des Regent's Park. Bei einer 100-minütigen Tour erfährst du alles über seine Geschichte. *April–Sept. tgl. 10–15 Uhr zur vollen Stunde, sonst Do–So 11–15 Uhr | Tickets online | £ 26,95 | St John's Wood Road | lords.org | U-Bahn Jubilee: St John's Wood, ca. 15 Min. ab Westminster | St John's Wood | D3*

TENNIS

Noch ein wichtiges Event: Tennis in Wimbledon! Jedes Jahr ab Ende Juni findet das zweiwöchige Tennisturnier statt. Tickets bekommst du per Losverfahren oder du stellst dich am jeweiligen Tag in die Schlange. Das *Wimbledon Lawn Tennis Museum (£ 13, mit Führung £ 25 | wimbledon.com |* *s. S. 64)* ist hingegen tgl. von 10 bis 17.30 Uhr geöffnet. Bei einer Führung darfst du hinter die

Männer in Weiß: Cricketspieler im Lord's Cricket Ground

Kulissen blicken und weißt anschließend ganz genau, wie der „heilige Rasen" gepflegt wird.

LAUFEN

Nach all dem Zuschauen und den Museumstouren kribbelt es dir in den Füßen? Dann ab zum Joggen! Ganz nebenbei erkundest du die Stadt bei den geführten Joggingtouren von *City Jogging Tours (Tel. 084 55 44 04 33 | ab £ 59 | cityjogging tours.co.uk)* am Fluss entlang und durch Parks auf unterschiedlich langen Strecken. Es gibt verschiedene Startpunkte je nach Laufroute, ein 5-km-Lauf (Iconic London) startet z. B. am Trafalgar Square, ein 7-km-Lauf (Riverside London) am Tower Hill.

Auch ohne Guide läuft es sich gut durch London. Der zentral gelegene *Regent's Park (🕮 F2–3)* bietet nahe der Sportanlage „The Hub" eine etwa 5 km lange Laufstrecke in grüner Parklandschaft. Im *Battersea Park (🕮 F11–G12)* läufst du sogar teilweise mit Blick auf die Themse.

WASSERSPORT

Kajakfahren lernen in London? Na klar, das geht! Bei einem Schnupperkurs der *Westminster Boating Base (£ 20/2½ Std. | 136 Grosvenor Road | Tel. 020 78 21 73 89 | west minsterboatingbase.co.uk | U-Bahn Victoria: Pimlico | Pimlico | 🕮 J11)* darfst du auf der Themse das Paddel schwingen. Doch du solltest keine Scheu haben, nass zu werden, denn hin und wieder fällt man beim Training ins Wasser.

Das Wasserabenteuer für Nachteulen: ein zweistündiger Kajaktrip mit *Secret Adventures (£ 47, inkl. Einweisung, Ausrüstung und Taschentransport zum Endpunkt des Trips | secret adventures.org | Treffpunkt: Canoe Shed, Limehouse Basin | DLR: Lime*

House, ca. 10 Min. ab Bank | Limehouse | 🕮 0) auf Londons Kanälen vom Limehouse Basin nach Hackney Wick. So siehst du London aus einer ganz anderen Perspektive. Ziel ist eine junge Brauerei, die am Ende der Tour in entspannter urbaner Szenerie zu einem Bier oder mehr einlädt.

INSIDER-TIPP
Nächtlicher Blickwinkel

RUHE UND ENTSPANNUNG

Der Verkehr donnert, Menschen hasten durch die Straßen, in der U-Bahn ist's stickig. Da gibt's nur eins: Raus ins Grüne, auf die Hügel von *Hampstead Heath* (s. S. 62). Beim Spaziergang im schönen Landschaftspark tankst du neue Energie.

Oder du entspannst beim Yoga – bei *FLY LDN (ab £ 10 | 24 Creechurch Lane | Tel. 020 76 21 16 80 | flyldn.co.uk | U-Bahn Circle, Metropolitan: Aldgate | City | 🕮 P5)* wirst du im abgedunkelten Raum mit beruhigenden Fotos in meditative Stimmung versetzt. Du kannst zwischen verschiedenen Yogastilen und unterschiedlich langen Kursen wählen.

WELLNESS

Entspannung (Ladies only) auf marokkanische Art: Das geht im *Casa Spa (tgl. 11–19.30 Uhr | 60 Min. £ 64 | 439 Edgware Road | Tel. 020 77 24 20 30 | casaspa.co.uk | U-Bahn Bakerloo: Edgware Road | Marylebone | 🕮 D4)* auf der arabisch geprägten Edgware Road, einem der wenigen authentischen Hamams der Stadt. Genieße im Dampfbad eine Ganzkörperanwendung mit Arganöl-Olivenseife und Peeling, dazu bekommst du ein Glas Tee.

Luxuriös asiatisch: Im malaysischen Spa *Ushvani (Mo, Fr 10–19, Di, Do 12–21, Sa 9.30–18 Uhr | 1 Cadogan Gardens | Tel. 020 77 30 28 88 | ushvani.com | U-Bahn District, Circle: Sloane Square | Chelsea | 🕮 F9)* fällt der Stress von dir ab, sobald du eingetreten bist. Du kannst verschiedene Behandlungen buchen (ab £ 60 für 30 Min. Massage), Ladies dürfen vorher schon im Pool und im Dampfbad relaxen. Die exklusive 90-minütige Ganzkörperbehandlung sorgt mit einer balinesischen Massage, einem Limetten-Peeling und einer Kokosnuss-Packung (£ 200) für echte Tiefenentspannung. Danach erfrischen dich Säfte, Früchte und Nüsse im Tea & Relaxation Room.

Kleine Massage zwischendurch gefällig? Wenn du auf der Oxford Street unterwegs bist, schwer beladen mit Einkaufstüten, deine Füße müde sind und deine Schultern schmerzen, dann mach Halt bei *Selfridges* (s. S. 89 | *🕮 G5)* und gönn dir eine erfrischende Massage beim *Walk-in Backrub (Mo–Fr 10.30–21, Sa 11.30–19, So 11.30–18 Uhr | Keine Anmeldung notwendig | EG im Beauty Workshop | walkinbackrub.co.uk/london-massage-shops/oxford-street-selfridges)*. Nach 10 Minuten bist du wieder fit.

KLETTERN

52 m hoch hinauf geht es bei *Up at the O2*. Mit Kletterausrüstung und Helm läufst du über das Dach der *O2 Arena* in Greenwich. Ein 90-mi-

nütiger Spaß mit Begleitung. Romantisch ist der Sunset-Climb am Abend (Uhrzeit abhängig von der Jahreszeit). *Termine s. Webseite, Jan. geschl. | Tickets online, ab £ 35 | Kinder erst ab 8 J. oder 1,20 m und nur in Begleitung Erwachsener | theo2.co.uk | Peninsula Square | U-Bahn Jubilee: North Greenwich | 20 Min. ab Waterloo | Greenwich (SO-London) | 90 Min. | 0*

ABENTEUER IM PARK

Klettern kannst du auch im schönen *Battersea Park (Albert Bridge Road | Bus 170 ca. 20 Min. ab Victoria | Battersea | F11–G12)*: Bei *Go Ape (Dez. geschl. | ab £ 19 | geeignet für Kinder ab 1 m | goape.co.uk)* kannst du nah an der Themse klettern und angeseilt durch die Bäume laufen. In der Südwestecke des Battersea Park lockt außerdem der Abenteuerspielplatz mit Sandkiste und Rutschen und der nahe der Themse gelegene *Children's Zoo (Frühjahr/Sommer 10–17.30, Herbst/Winter bis 16.30 Uhr | £ 10,95, Kinder 2–15 J. £ 8,95, Familienticket 2 & 2 £ 35,50 | batterseaparkzoo.co.uk)*.

SEGWAY

Segway fahren durch die Stadt darfst du leider nicht. Aber du kannst es im Battersea Park mit *Segway Events (Zeitfenster vormittags oder nachmittags wählbar | ab £ 50 | Mindestgröße 134 cm, Gewicht: mind. 45 kg, max. 117 kg | Termine unter segwayevents.co.uk/experiences/london-segway-tour | 60 Min.)* lernen und anschließend durch den Park und ein Stück an der Flusspromenade entlangrollen.

Nicht der K2, sondern die O2 – urban klettern auf der Arena

FESTE & EVENTS

Die Londoner haben viel Sinn für Traditionen, Rituale und prächtige Uniformen, und nicht nur das Königshaus weiß sich in Szene zu setzen. So vielfältig die in London lebenden Kulturen, so vielfältig sind auch ihre Feste, die sie einem weiten Publikum öffnen. Was, wann, wo los ist, erfährt man bei *Time Out* (*timeout.com/london*) oder unter *visitlondon.com*.

JANUAR

London Parade (West End): Seit 1987 findet der Neujahrsumzug am 1. Jan. im West End statt. Dabei wird für soziale Projekte Geld gesammelt. Start der Parade ist um 12 Uhr am Hotel Ritz. *lnydp.com*

London Art Fair: Die Messe zeigt moderne Kunst vom frühen 20. Jahrhundert bis in die Gegenwart – Malerei, Skulptur und Fotografie von internationalen Künstlern. *londonartfair.co.uk*

Burns Night: Der schottische Nationaldichter Robert Burns wird am 25. Jan. in Restaurants und Bars mit speziellen Menüs, Whiskytastings, Lesungen und Partys gefeiert.

JANUAR/FEBRUAR

Chinese New Year: Das chinesische Neujahrsfest wird traditionell mit Drachenpuppen-Umzug und Tanz begangen und steht jedes Jahr im Zeichen eines anderen Tieres des chinesischen Horoskops; wechselnde Daten, 10. Feb. 2024 (Drache), 29. Jan. 2025 (Schlange), 17. Feb. 2026 (Pferd).

FEBRUAR

Pancake Day: Offizielle heißt der Pancake Day „Shrove Tuesday". Am Karnevalsdienstag werden Berge von Pfannkuchen verspeist und Charity-Rennen veranstaltet – die Teilnehmer versuchen, während des Laufens den Pfannkuchen in der Pfanne hochzuwerfen.

Schwarz-rotes Spektakel bei der Trooping-the-Colour-Parade

MÄRZ

St Patrick's Day: Am 17. März wird der irische Nationalheilige begossen; immer am nächstgelegenen Sonntag zieht eine Parade von Piccadilly bis Trafalgar Square.

Head of the River Race: Am Ende des Winters wird seit bald 100 Jahren um die Wette gerudert. Die Regatta auf der Themse findet zwischen Mortlake und Putney statt. *horr.co.uk/wordpress*

MÄRZ/APRIL

Easter Weekend: Rund um Ostern werden viele Veranstaltungen geboten wie Ostereiersuchen für Kinder oder die Aufführung zur Passion Christi am Trafalgar Square am Karfreitag.

APRIL

London Marathon: 40 000 Läufer nehmen teil, manche werfen sich für wohltätige Zwecke in verrückte Kostüme. *tcslondonmarathon.com*

St George's Day: Um den 23. April wird auf dem Trafalgar Square zu Ehren des Schutzpatrons von England mit vielen kostenlosen Attraktionen, Kinderspielen und Essensständen gefeiert. *london.gov.uk*

MAI

Chelsea Flower Show: Ende Mai findet am Royal Hospital die wichtige und beeindruckende Society-Blumen- und Gartenausstellung statt, veranstaltet von der Royal Horticultural Society (RHS). *rhs.org.uk*

JUNI

Trooping the Colour (Horse Guards Parade): Militärparade zum Geburtstag des regierenden britischen Monarchen am 2. Sa. „An- und Abreise" der Royals und Gardisten in Kutschen und auf Pferden von Buckingham Palace entlang The Mall. *trooping-the-colour.co.uk*

Notting Hill feiert Karneval mit Phantasiewesen und Sambarhythmen

Open Garden Squares Weekend: Versteckte Oasen sind im Juni zu bewundern, wenn etwa 200 sonst verschlossene Privatgärten geöffnet werden (mit Ticket). *londongardenstrust.org*

INSIDER-TIPP
Grüner Genuss

JUNI/JULI

Wimbledon Lawn Tennis Championships: Ab Ende Juni, Anfang Juli findet das renommierte, internationale Rasentennisturnier statt. *wimbledon.com*

Pride London: Im Sommer feiert die LGBTQ-Szene. Ende Juni, Anfang Juli zieht die große bunte, schrille Parade durch die Stadt. *prideinlondon.org*

JULI

★ **Promenade Concerts** (Royal Albert Hall): Seit mehr als 125 Jahren finden jährlich Mitte Juli–Mitte Sept. die Sommerkonzerte („Proms") mit klassischer Musik statt. *bbc.co.uk/proms*

AUGUST

Great British Beer Festival: Fünftägiges Event Anfang Aug. rund um den Gerstensaft; mit 500 *ales* und *ciders* von kleinen britischen bis hin zu großen internationalen Brauereien. *gbbf.org.uk*

★ **Notting Hill Carnival**: Karibischer Straßenkarneval am letzten So/Mo des Monats, mit buntem Umzug, Musik und fantasievollen Kostümen. *nhcarnival.org*

SEPTEMBER

Totally Thames Festival: Londons größtes Outdoor-Kulturfestival mit Events rund um die Themse, vier Wochen lang! *thamesfestivaltrust.org*

Great River Race: Fluss-Marathon-Rennen mit ca. 300 Teams in traditionellen Booten über 21,6 Meilen von den London Docklands nach Ham in Surrey. *greatriverrace.co.uk*

London Design Festival: Zehntägiges hochkarätiges Event der Design-

kultur im Victoria and Albert Museum und an vielen weiteren Orten. *londondesignfestival.com*

London Fashion Week Festival: Am Wochenende nach der *London Fashion Week* (auch Feb.) findet das viertägige Event rund um Mode statt, das jeder über 18 J. besuchen darf (mit Ticket). Im Zentrum stehen Catwalk Shows. *londonfashionweek.co.uk*

SEPTEMBER/OKTOBER

Pearly Queens: Erntedankfest der Markthändler in fantasievollen, mit Perlmuttknöpfen besetzten Kostümen, zelebriert im Hof der Guildhall und mit einer Straßenparade zur Kirche St-Mary-le-Bow; Mitte Sept./Anfang Okt. *pearlysociety.co.uk*

OKTOBER

London Film Festival: Zwölftägige internationale Filmschau, mit Talks, Events und Galas im Zentrum und beim *BFI (British Film Institute);* als Preis für den besten ersten Spielfilm eines Regisseurs wird die „Sutherland Trophy" verliehen. *bfi.org.uk/lff*

NOVEMBER

Bonfire Night: Feuerwerk zum Gedenken an die misslungene Sprengung des Parlaments durch Guy Fawkes 1605; am dem 5. Nov.nächstgelegenen Wochenende.

Lord Mayor's Show: Prozession des neuen Oberbürgermeisters der City of London am 2. Sa. *lordmayorsshow.london*

Remembrance Sunday: Am 2. So (um den 11. Nov.) wird der im Ersten und Zweiten Weltkrieg gefallenen Soldaten gedacht. Mit dabei: König Charles III.; Whitehall. *britishlegion.org.uk*

Jazz Festival: 10 Tage Jazzimpro vom Feinsten. Internationale Musiker spielen in der ganzen Stadt. *efg londonjazzfestival.org.uk*

NOVEMBER/DEZEMBER

Weihnachtszeit: Weihnachtsmärkte von Mitte Nov. bis Anfang Jan. im Hyde Park und am Leicester Square mit vielen Buden, für die Kinder kommt *Father Christmas;* Schlittschuhlaufen auf Eisbahnen vor historischer Kulisse am Natural History Museum, Somerset House und am Tower of London.

Weihnachtsliedersingen (Trafalgar Square): Spätnachmittags am unter einer 20 m hohen norwegischen Fichte; ab Mitte Dez.

Silvester: Am 31. Dez. läutet Big Ben, und ein Feuerwerk am London Eye begrüßt das neue Jahr.

SCHÖNER SCHLAFEN

LIVE LIKE A LOCAL

Gediegener Country-Charme erwartet dich in *The Coachhouse (1 Ap. | 2 Tunley Road | Tel. 020 83 55 31 92 | thecoachhouselondon.com | U-Bahn Northern: Balham | Balham | €€ | 0)* eine halbe Stunde von der Innenstadt entfernt. Besonders schön ist es hier im Frühling,

INSIDER-TIPP
Blütenzauber

wenn du dich zum Frühstück unter die blühenden Glyzinien vor dem Cottage in den kleinen Patio setzen kannst. Sollte das Häuschen belegt sein – es ist sehr beliebt und man hat es immer exklusiv für sich allein – bieten die Vermieter, Ex-Offizier Harley und seine Frau Meena, auch Privatwohnungen an.

LONDONER WIEGEBETT

Nicht so jwd, wie es scheint: Die DLR saust zu den alten Docklands im Osten, wo der schwimmende Traum in Weiß liegt. Von den Luxuskabinen der Hotelyacht *Sunborn London (131 Zi. und 4 Suiten | Royal Victoria Dock | Tel. 020 37 14 81 11 | sunbornhotels.com/london | U-Bahn DLR: Custom House | Royal Docks | €€€ | 0)* schaust du auf die Skyline der ehemaligen Hafenanlagen von Canary Wharf, die O2 Arena und die Docks und lässt dich gemütlich in den Schlaf schaukeln.

KNALLBUNTE FRÖHLICHKEIT

Eine mexikanische Farbsymphonie in Südlondon mit einer breiten Auswahl an Zimmertypen mit bunt gekachelten Bädern und L'Occitane-Kosmetik. Die große gemütliche Gemeinschaftsbar und Lounge im *Church Street Hotel (31 Zi. | 29–33 Camberwell Church Street | Tel. 020 77 03 59 84 | churchstreethotel.com | Busse ab Waterloos, z. B. Nr. 68, 176 ab ca. 30 Min. oder Denmark Hill*

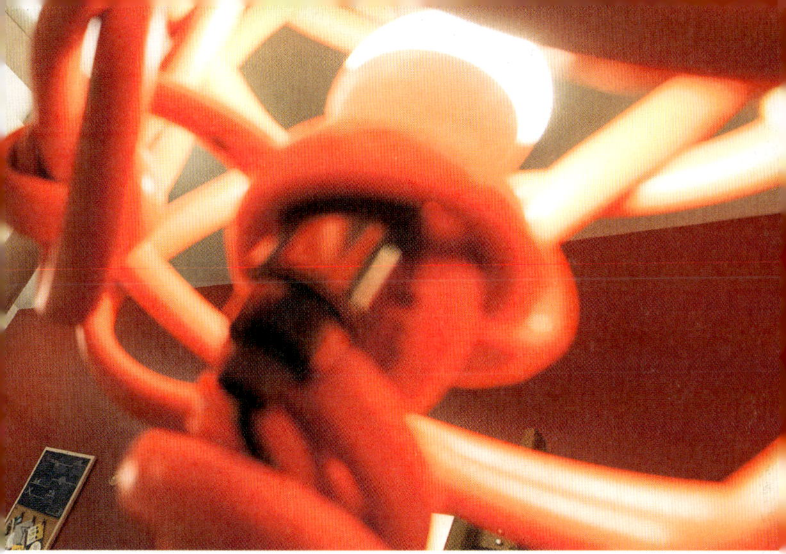

Im The Corner Hotel ist jedes Zimmer eine Überraschung

Bahnstation ab Victoria | *Camberwell* | *€–€€* | *0)* mit Kaffee, Tee und Drinks funktioniert nach dem Vertrauensprinzip. Das kontinentale Frühstücksbuffet für £ 8 ist relativ günstig und sorgt mit Bio-Zutaten für einen guten Start in den Tag. Der *Amberwell Street Food Market* (sonntags) ist direkt um die Ecke.

WILLKOMMEN IM BLOCK

Witzige, minimalistische Designideen empfangen dich im *The Corner Hotel (171 Zi.* | *42 Adler Street* | *Tel. 020 30 21 14 40* | *thecornerlondoncity.co.uk* | *U-Bahn Hammersmith & City, District: Aldgate East* | *Whitechapel* | *€–€€* | *Q5)*: ein Leiterregal als Schrank, der Lampenschirm war mal ein Gartenschlauch, und das Zimmerinterieur ist in Quaderform gegossen. Wer's funky mag, ist hier richtig. Über dem Bett prangt ein Megaposter, das TV ist bequem am Fußende angebracht und hinterm Kopfende ist das Bad integriert. Wer nur schlafen oder in den Laptop schauen will, bucht ein supergünstiges Zimmer ohne Fenster. Das Hotel hat ein grünes Recycling-Wasser-Strom-Spar-Konzept entwickelt.

AM BUSEN DER NATUR

Eine Campsite mit beheizten, einfachen Holzhäuschen (winzig: *cocoon;* etwas größer und mit Küchenausstattung: *cabin*), Feldbetten und elektrischem Licht: das ist die komfortable Glamourvariante des Campings *(glamping:* Glamour + Camping) im *Lee Valley Camping & Caravan Park (Meridian Way* | *Tel. 030 00 03 06 25* | *visitleevalley.org.uk* | *U-Bahn Elizabeth, Victoria: Tottenham Hale, dann Zug Ponders End* | *Edmonton* | *€* | *0)*. Hier bist du mitten in der Natur – dafür nimmt man gern die Fahrzeit von etwa einer Stunde bis ins Stadtzentrum auf sich.

ERLEBNIS TOUREN

Lust, die einzigartigen Facetten der Stadt zu entdecken? Dann sind die Erlebnistouren genau das Richtige für dich! Ganz einfach wird es mit der MARCO POLO Touren-App: Die Tour über den QR-Code aufs Smartphone laden – und auch offline die perfekte Orientierung haben.

Die Kameras sind bereit: am Horse Guards in der City of Westminster

Einfach QR-Code scannen und alle Karten & Infos zu unseren Touren auch unterwegs parat haben!

go.marcopolo.de/lon

DIE ERLEBNISTOUREN IM ÜBERBLICK

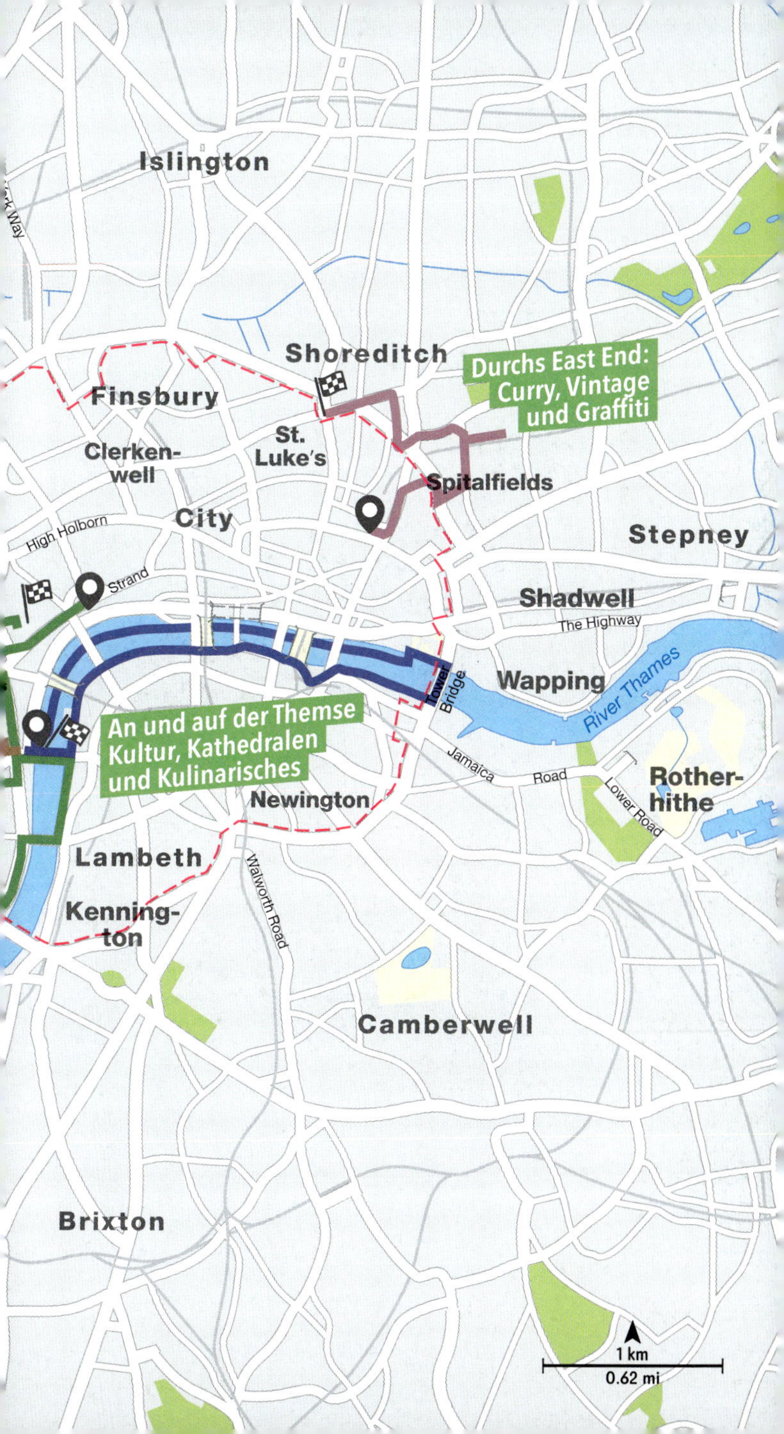

Islington
Shoreditch
Durchs East End: Curry, Vintage und Graffiti
Finsbury
St. Luke's
Clerken-well
Spitalfields
City
Stepney
High Holborn
Strand
Shadwell
The Highway
Wapping
Tower Bridge
River Thames
An und auf der Themse Kultur, Kathedralen und Kulinarisches
Jamaica Road
Rother-hithe
Lower Road
Newington
Lambeth
Walworth Road
Kenning-ton
Camberwell
Brixton
1 km
0.62 mi

❶ LONDON PERFEKT IM ÜBERBLICK

- Gut zu Fuß – auf Entdeckertour in London
- Highlights ohne Ende: Big Ben, Parliament, Buckingham Palace
- Große Kunst im Museum und auf der Bühne

WatchHouse — Chandos

10 km — 1 Tag, reine Gehzeit: 2 ¾ Std.

Kosten: Tageskarte für Bus und U-Bahn £ 14,40, Eintritte £ 127, Essen & Trinken ca. £ 95
Die Tickets für die ⓫ **English National Opera** vorher buchen; auch für die Teatime im ❿ **The Ritz** reservieren. Dresscode: Businesslook, keine Jeans oder Sneaker! Die letzte U-Bahn fährt wochentags um Mitternacht. Täglich um 11 Uhr (So 10 Uhr) ist Wachablösung am ❸ **Horse Guards Building**.

❶ WatchHouse

❷ Trafalgar Square

❸ Horse Guards Building

PÜNKTLICH ZUR WACHABLÖSUNG

Beginne deinen London-Tag mit einem Kaffee im ❶ **WatchHouse** *(Mo–Fr 8–18, Sa/So 10–18 Uhr | Tel. 020 72 57 94 00 | watchhouse.com, somersethouse.org.uk | €)* im schönen Somerset House. Gestärkt spazierst du dann *über The Strand Richtung Westen* zum ❷ **Trafalgar Square** ➤ S. 47, dem geografischen Zentrum der Stadt, erkennbar an der hochaufragenden **Nelson-Säule**. Genieße bei schönem Wetter die Aussicht von den Treppen und lass das Treiben rund um den Platz auf dich wirken. Wenn du Lust auf Kunst hast, sieh dir die Werke in der **National Gallery** ➤ S. 47 an. *Entlang Whitehall* gelangst du anschließend zum politischen Zentrum der Stadt. Wenn du nicht zu lange im Museum warst, kannst du unterwegs um 11 Uhr (So 10 Uhr) die Wachablösung am ❸ **Horse Guards Building** ➤ S. 41 miterleben. Du hast es verpasst? Nicht schlimm – fotografieren kannst du trotzdem, denn die Kavalleriesoldaten nehmen es mit stoischer Gelassenheit hin, für Tau-

sende von Schnappschüssen herhalten zu müssen; Mutige gehen so weit, die Pferde zu tätscheln! Danach *passierst du Downing Street Nr. 10* – durch ein Tor schaust du auf das Haus des Premierministers – *und gehst auf der Whitehall* zu **❹ Big Ben** ➤ **S. 36**, dem Glockenturm der **Houses of Parliament** ➤ **S. 36**, der „Urmutter" aller Parlamente, und zur **❺ Westminster Abbey** ➤ **S. 37**. *Überquere die Westminster Bridge* und setze deinen Spaziergang *am südlichen Themseufer* fort; von hier hast du die schönsten Blicke auf das imposant-goldene Ensemble der Houses of Parliament gegenüber.

❹ Big Ben

❺ Westminster Abbey

Die weiß gebänderte Fassade der Westminster Cathedral

EINTAUCHEN IN LONDONS KUNSTGESCHICHTE

Am Fluss entlang erreichst du das ❻ **Garden Museum** ➤ S. 60. Lass dich hier von alter Gartenkunst inspirieren. Vielleicht bist du schon hungrig? Dann probier doch eines der leckeren Mittagsmenüs im lichtdurchfluteten *Garden Café (tgl. 10–17, Di, Fr 18–21 Uhr | Tel. 020 36 40 93 22 | gardenmuseum.org.uk/cafe | €–€€). Gestärkt überquerst du die Lambeth Bridge und gelangst über Millbank* zur ❼ **Tate Britain** ➤ S. 39. Dieser Museumstempel lässt dich eintauchen in 500 Jahre britischer Kunst: William Blake und William Turner, Henry Moore und Lucian Freud.

❻ Garden Museum
❼ Tate Britain

ZUM KÖNIGLICHEN PALAST

Danach nimmst du den *Bus (Nr. 2, 36, 185 von Vauxhall Bridge Road) zur Victoria Station. Rechts an der Victoria Street* liegt etwas zurückgesetzt die ungewöhnliche, erst 100 Jahre alte ❽ **Westminster Cathedral** ➤ S. 39 mit der rot-weiß gebänderten Fassade. *Durch die Palace Street* – der Name lässt es schon erahnen – gelangst du zum ❾ **Buckingham Palace** ➤ S. 39, der offiziellen Stadtresidenz der Royals. Von Juli bis September, während der britischen Sommerferien, darfst du über den roten Teppich schreiten und in ausgewählte Räume hineinschauen.

❽ Westminster Cathedral
❾ Buckingham Palace

NOCH EIN TEE VOR DER OPER

Den Palast im Rücken, schaust du auf *The Mall* hinunter, die Prachtstraße der Hauptstadt, Richtung Admirality Arch, bevor du *durch den Green Park schlenderst und auf die gleichnamige U-Bahn-Station zugehst.* Bist du bereit für den perfekten Nachmittagstee mit *scones* und Sandwiches? Im legendären Hotel ❿ **The Ritz** ➤ S. 72 bekommst du ihn – wenn du entsprechend chic gekleidet bist und reserviert

❿ The Ritz

hast. Vergessen? Dann geh weiter zu **Fortnum & Mason ➤ S. 90** und bestell dort einen Afternoon Tea. Nach dem Kuchen magst du dich sicher wieder bewegen. Spaziere also zum **Piccadilly Circus ➤ S. 48** und *weiter über Coventry- und Cranbourn Street bis zur U-Bahn-Station Leicester Square. Rechts über Charing Cross Road* erreichst du nach etwa 15 Minuten die ⑪ **English National Opera ➤ S. 106**. Gönn dir nach der Vorstellung nebenan noch einen Absacker im Pub ⑫ **Chandos** *(tgl. 12–23 Uhr | 29 St Martin's Lane | Tel. 020 78 36 14 01)*.

⑪ English National Opera

⑫ Chandos

② DURCHS EAST END: CURRY, VINTAGE UND GRAFFITI

- ➤ Entdeckungen abseits gläserner City-Bürotürme
- ➤ Der Vergangenheit auf der Spur: Im Haus einer Seidenweberfamilie
- ➤ Bangla-Currys, Vintage-Mode und Bars: der East-End-Mix

Start: Liverpool Street Station

Ziel: Old Street

→ 4,5 km

½ Tag, reine Gehzeit: 1 ½ Std.

Kosten: Eintritte £ 50, Essen & Trinken ca. £ 40

Achtung: ② **Dennis Severs House:** tagsüber nur Sa/So geöffnet, abends Fr; Tickets besser vorab buchen! Die letzte U-Bahn fährt wochentags um Mitternacht.

GESCHICHTE ERLEBEN

Los geht's an der ① **Liverpool Street Station**, einer lichten Kathedrale des goldenen Railway-Zeitalters mit gusseisernen Dachträgern und Palmensäulen. *Nimm den Ausgang Bishopsgate, geh die Bishopsgate mit postmoderner Büroarchitektur links entlang. Biege nun rechts in die Folgate Street* ein und gehe zum ② **Dennis Severs House** *(Sa/So 12–16, Fr 17–21 Uhr | tagsüber £ 15, abends £ 20 | 18 Folgate*

① Liverpool Street Station

② Dennis Severs House

Street | dennisseversshouse.co.uk), dem 300 Jahre alten Haus einer hugenottischen Seidenweberfamilie. Der Besuch ist ein Erlebnis: Du unternimmst eine Reise in die Vergangenheit und glaubst doch jeden Moment der Weberfamilie zu begegnen, die du nicht sehen, aber hören und riechen kannst: Auf dem Tisch steht ein halb verspeistes Essen, die Kerzen brennen, im Kamin lodert ein Feuer … Auf leisen Sohlen bewegst du dich durch das Haus und spürst der damaligen Zeit Zimmer für Zimmer nach.

BESUCH IN BANGLATOWN

❸ Spitalfields Market

❹ Christ Church

Wieder draußen *biegst du rechts in die belebte Commercial Street ein* mit sympathischen Läden und Pubs. Rechterhand hast du in den Markthallen von **❸ Spitalfields Market** ➤ S. 93 Gelegenheit für eine Kaffeepause. Schräg gegenüber erhebt sich *an der Kreuzung Fournier Street* **❹ Christ Church** *(Mo–Fr 10–16, So 13–16 Uhr | ccspits.org)* von 1729, das Meisterstück von Nicholas Hawksmoor, einem Architekten des Barock. Der Schüler von Christopher Wren war eine rätselhafte Persönlichkeit mit Vorliebe für heidnische Symbole, Pyramiden und Obelisken.

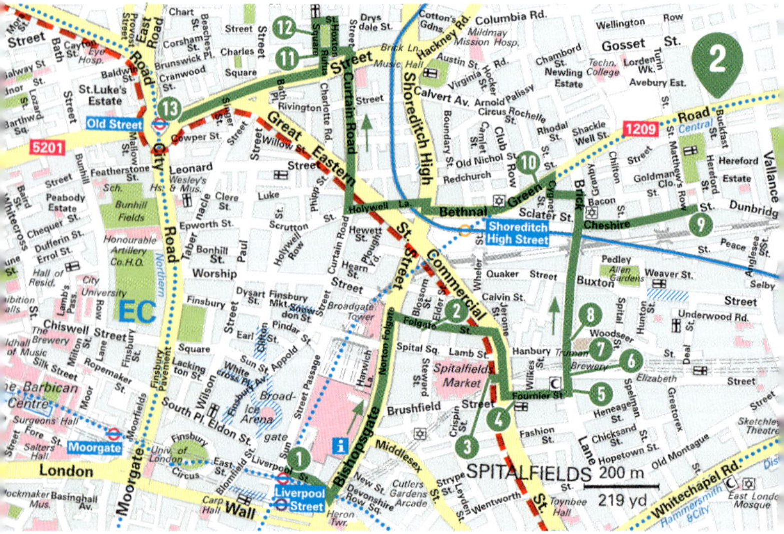

Brick Lane: Hier bestaunst du Streetart vom Feinsten

Über die Fournier Street kommst du auf die berühmte **5 Brick Lane**. Im 18. Jh. lebten hier hugenottische Seidenweber, dann siedelten sich jüdische und später bengalische Textilarbeiter an. Daraus entwickelte sich „Banglatown" mit Sari-Läden, Sweetshops und Curryrestaurants; inzwischen überwiegen die Restaurants, und der ein oder andere unabhängige Shop und Streetfood-Angebote sind hinzugekommen. Die Nr. 59, an der *Ecke Fournier Street/Brick Lane*, ist eines der symbolträchtigsten Gebäude des East End: früher hugenottische Kirche, dann methodistische Kapelle, Synagoge und seit Mitte der 1970er-Jahre die **Brick-Lane-Moschee**.

5 Brick Lane

INSIDER-TIPP
Augen auf die Wand!

STREETART ENTDECKEN

Sieh genau hin, denn in dieser Gegend sind viele Graffiti- und Street-Art-Künstler unterwegs. Schau in die Seitenstraßen links und rechts in der **6 Princelet Street** und der **7 Hanbury Street**. Manchmal musst du suchen, denn neben großer plakativer Malerei gibt es kleine Wandinstallationen. Die Szene ist schnelllebig und nicht immer leicht zu finden. Vielleicht ist etwas von Banksy, ROA oder Cityzen Kane dabei. Du kennst

6 Princelet Street
7 Hanbury Street

dich mit diesen Namen nicht wirklich aus? Dann buch doch einfach eine geführte Tour *(englischsprachig, £ 20 | shoreditchstreetarttours.co.uk)*.

TRENDIG SHOPPEN

8 Aladin

9 Beyond Retro

10 Rich Mix

Wie wäre es mit einer Pause? *Zurück auf der Brick Lane* probierst du vielleicht ein Curry oder Balti-Gericht aus der Kaschmirgegend im **8 Aladin** *(Mo–Sa 12–24, So 12–22.30 Uhr | 132 Brick Lane | Tel. 020 72 47 82 10 | aladinbricklane.net | €€)*. Nun wird's hipper rund ums Epizentrum der **Old Truman Brewery** *(trumanbrewery.com)*, mit trendigen Läden und Bars. Stöbere in den Designerboutiquen und dem Vintage-Klamottentempel **9 Beyond Retro** *(beyondretro.com) rechts in der Cheshire Street (Nr. 110–112)*, bevor du an bemalten Hausfassaden und kleinen Vintageläden vorbei *in die Bethnal Green Road* gehst. Du gelangst zum Kulturzentrum **10 Rich Mix** *(35–47 Bethnal Green Road | richmix.org.uk)*. Das multikulturelle Programm spiegelt die Vibes der Gegend wider und bietet etwas für die ganze *community:* Ausstellungen, Konzerte für große und kleine

Der Vintage-Shop Beyond Retro ist eine Londoner Institution

Zuhörer, Kino mit günstigen Tickets für Youngsters, Theater, Comedy. *Überquere die Shoreditch High Street und geh über die Holywell Lane und Great Eastern Street, bevor du rechts in die Curtain Road einbiegst.*

ZEIT ZUM GENIESSEN

Du passierst nun die Old Street; linker Hand geht's zur Grünfläche des ⑪ **Hoxton Square**. Hier haben sich junge Cafés und Restaurants angesiedelt. Genieß die lockere Atmosphäre rund um den kleinen Platz bei einem Cocktail bei ⑫ **Happiness Forgets** *(tgl. ab 17 Uhr | 8–9 Hoxton Square | happinessforgets.com)*. Nach einer angemessenen Entspannungspause *gehst du weiter in die Coronet Street und folgst dann rechts der Old Street* zum Endpunkt dieses Spaziergangs: Die U-Bahnstation ⑬ **Old Street** ist der Mittelpunkt des neuen „Silicon-Roundabout"-Kreisverkehrs mit Technologie-Start-up-Unternehmen.

⑪ Hoxton Square

⑫ Happiness Forgets

⑬ Old Street

③ AN UND AUF DER THEMSE: KULTUR, KATHEDRALEN UND KULINARISCHES

- ➤ **Entspannte Blickwinkel am Flussufer**
- ➤ **Hoch über und auf der Themse**
- ➤ **Augen- und Gaumenschmaus: Gourmetfood folgt moderner Kunst**

Start: Westminster Station

Ziel: Westminster Station

Strecke: 10 km

Dauer: 1 Tag, reine Gehzeit: 2 Std.

Kosten: Bootstour **City Cruises** £ 11,75 (einfache Fahrt), Eintritte £ 47, Essen & Trinken ca. £ 32

Achtung: Das letzte Boot fährt um 17.15 Uhr, im Sommer auch später; Abfahrt kann je nach Gezeiten etwas variieren. Fürs ④ **London Eye** und die ⑬ **Tower Bridge** sind Onlinebuchungen günstiger.

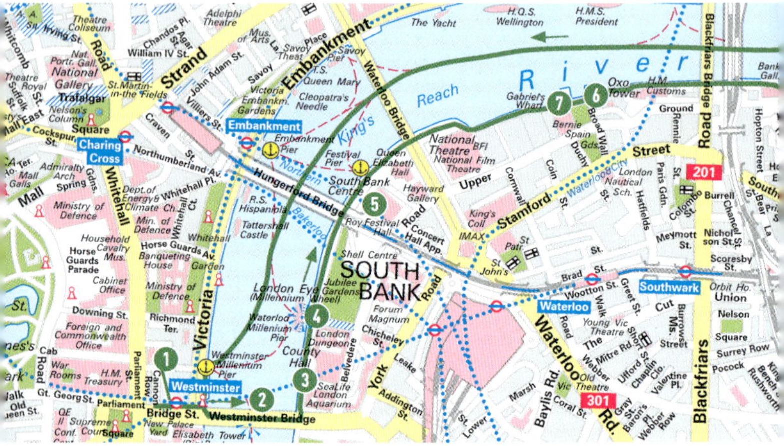

◯1 Westminster Station

FLUSSQUERUNG MIT AUSBLICK

Die Tour beginnt an der ◯1 Westminster Station. Das ungewöhnliche Gebäude mit der vertikalen schwarzen Bänderung zu deiner Linken bildet einen spannenden Kontrast zum Ensemble der Houses of Parliament. Und doch gehört es dazu: hier im Portcullis House (1999) haben Parlamentsabgeordnete ihre Büros: Wegen seiner energiesparenden Bauweise ist es zwar ökologisch durchdacht, ästhetisch jedoch eher fragwürdig. Auf der ◯2 Westminster Bridge solltest du erst einmal innehalten und den weiten Blick auf die Themse genießen. So hast du auch eine gute Aussicht auf ein backsteinrotes und weiß gebändertes Gebäude mit Türmchen: das *Norman Shaw Building* am Victoria Embankment. Bis 1967 war es das Hauptquartier von New Scotland Yard, der Polizeiabteilung für die härtesten Fälle.

◯2 Westminster Bridge

AUF INS VERGNÜGEN

Überquere die Brücke und geh links die Treppe hinunter zum Südufer. Der massive Baukomplex aus der ersten Hälfte des 20. Jhs., ◯3 County Hall ➤ S. 59, beherbergte früher die Londoner Stadtregierung, heute ist hier Platz für dreimal kindertaugliche Unterhaltung: das London Aquarium, The London Dungeon und Shrek's Adventure. Unter den riesigen

◯3 County Hall

Vertäuungen des ❹ London Eye ➤ S. 58 sieht man die Kapseln des Riesenrads langsam vorüberziehen. Das willst du doch sicher ausprobieren – also los!

❹ London Eye

IMMER DER THEMSE FOLGEN

Nach der Fahrt geht's *weiter am Ufer entlang. Gegenüber der Golden Jubilee Bridge* steht das Kulturzentrum ❺ South Bank Centre, eine aufgebrezelte Betonburg aus den 1950er-Jahren, mit Royal Festival Hall, Nationaltheater ➤ S. 109, Filmtheater, Hayward Gallery. Im Sommer ist hier richtig was los! Dann gibt es draußen Streetfood (Fr–So) und Gratisevents (z. B. Comedy, Jazz, Zirkus). Gegenüber am Nordufer steht Londons ältestes Baudenkmal, Cleopatra's Needle (ca. 1450 v. Chr.). 1878 wurde der Granitobelisk – der mit Kleopatra außer seiner ägyptischen Herkunft nichts zu tun hat – an der Themse aufgestellt. *Es geht weiter am Ufer entlang*, der Schriftzug des ❻ OXO Tower leuchtet abends neonrot. Mit dem Trick, ihr Logo in den Backsteinturm zu stanzen, umging die Suppenwürfelfirma ein Werbeverbot. OXO Tower Wharf bietet dir Gelegenheit zum Stöbern: interessante Designläden mit Mode, Kunst, Schmuck. *In Gabriel's Wharf* auf der Terrasse bei ❼ Marsha *(Mo–Sa 12–23, So bis 19 Uhr | Tel. 020 30 34 07 91 | marshalondon.co.uk | €–€€)* kannst du Hühnchen, Burger und Veganes probieren.

❺ South Bank Centre

❻ OXO Tower

❼ Marsha

❽ Tate Modern

❾ Shakespeare's Globe Theatre

❿ „Golden Hinde II"

⓫ Southwark Cathedral

⓬ Borough Market

⓭ Tower Bridge

SHAKESPEARE LÄSST GRÜSSEN

Weiter am Ufer entlang fällt bald der Backsteinturm der ❽ Tate Modern ➤ S. 57 auf. Vom 10. Stock des neuen Anbaus hast du einen wunderbaren und kostenlosen Blick hinunter auf die Stadt. Ein paar Schritte weiter wurde das Fachwerkachteck des ❾ Shakespeare's Globe Theatre ➤ S. 57 nur 180 m von seinem ursprünglichen Standort detailgetreu wiederaufgebaut. Zu Shakespeares Zeiten war dies die verrufene Vergnügungsgegend mit Bordellen, Bärenkampf-Ringen und Glücksspiel. *Geh nun rechts in die Straße Bank End und durch die Unterführung links in die Clink Street* bis zur ❿ „Golden Hinde II" *(April–Okt. tgl. 10–18, sonst bis 17 Uhr | £ 6, Kinder unter 3 J. frei | goldenhinde.co.uk)*, dem Nachbau von Francis Drakes Flaggschiff, mit dem er die Welt umsegelte. *Weiter geht es über die Cathedral Street zur* ⓫ Southwark Cathedral. Hier erinnert ein Alabastermonument an William Shakespeare, vor einem Buntglasfenster mit Figuren aus seinen Werken.
Kurz danach hast du ⓬ Borough Market ➤ S. 92 erreicht. Genieß die Atmosphäre zwischen frischem Gemüse, Meeresgetier, lecker duftenden Backwaren und herzhaften Leckereien, die du direkt probieren kannst.

ES GEHT IN DIE HÖHE

Richtung St Thomas Street hast du eine gute Aussicht auf das derzeit zweithöchste Gebäude Europas, den von Stararchitekt Renzo Piano entworfenen „Glassplitter" The Shard ➤ S. 57. *Biege ab Richtung London Bridge, und spaziere rechts über die Tooley Street und dann am Themseufer vorbei an der ehemaligen City Hall und über die* ⓭ Tower Bridge ➤ S. 56 ans Nordufer, wo du Tickets für die Ausstellungen in den historischen Maschinenräumen auf der Südseite erhältst. Das ist nicht nur etwas für Technikfans. Wenn du schwindelfrei bist, nimm die 42 m hohe Fußgängerbrücke und schau durch den verglasten Boden auf die Themse. Besonders spektakulär ist es, wenn für ein größeres Schiff die Brückenteile aufgeklappt werden.

INSIDER-TIPP
Für Mutige

Am Nordufer geht es vom Tower Millenium Pier auf eine ★ Themsefahrt mit City Experiences *(tgl. ab 10 Uhr, Boote starten alle 40 Min. | Tel. 020 77 40 04 00 | cityexperiences.com/london/city-cruises)* mit tollem Blick auf London. *Über den Westminster Pier* kommst du zurück zur ① Westminster Station.

① Westminster Station

④ EIN SPAZIERGANG NICHT NUR FÜR SONNTAGS

- Gang durch vier Mal royales Grün
- Picknick, Paddeln und Planschen im Hyde Park
- Für Prinzen und Prinzessinnen: Kensington Palace

Start: Westminster Station

Ziel: Kensington Palace

Strecke: 9 km

Dauer: ½ Tag, reine Gehzeit: 2 ½ Std.

Kosten: Eintritt ④ **Wellington Arch** £ 6; Bootsfahrt ⑥ **Serpentine-See**: £ 11,25/Std., £ 9,25/30 Min.; Eintritt ⑩ **Kensington Palace** £ 20, Essen & Trinken ca. £ 58
Achtung: Die Tour eignet sich für die Zeit von April bis Oktober, da der Bootsverleih sonst geschlossen ist.

DURCH DEN PARK ZUM TRIUMPHBOGEN

① Westminster Station

Von der U-Bahnstation ① Westminster Station *gehst du rechts in die Bridge Street von der Themse weg. Biege rechts in die Parliament Street ein und links in die King Charles Street. Wenn du die Horse Guards Road überquerst*, betrittst du den ② St James's Park. Rechter Hand grüßt über den Baumwipfeln die Bronzestatue der Duke of York Column. Der Herzog (1763–1827) thront in so luftiger Höhe auf der Granitsäule, dass gescherzt wurde, er hätte so versucht den Gläubigern zu entkommen – bei seinem Tod war er mit £ 2 Mio. verschuldet! Im Norden wird der Park

② St James's Park

③ Green Park

④ Wellington Arch

begrenzt von St James's, dem Viertel der *gentlemen's clubs. Über den Teich führt eine Brücke*, von der du einen tollen Blick auf den Buckingham Palace ➤ S. 39 hast. *Wende dich nach links, und folge dem Teich, bis vor dem Victoria Memorial ein Fußweg rechts abgeht. Wenn du The Mall überquerst*, bist du im ③ **Green Park**, einer weiten Rasenfläche mit weniger Baumbestand. Er hat eine Geschichte als Leprafriedhof, Jagdgrund und Gemüsegarten im Zweiten Weltkrieg vorzuweisen. *Folge einem der parallel zu Constitution Hill verlaufenden Pfade bis Hyde Park Corner; überquere den Duke of Wellington Place und du erreichst den* ④ **Wellington Arch** *(Mi–So 10–17, im Winter bis 16 Uhr | Ausstellung £ 6)*. Dieser Triumphbogen beherbergte bis 1992 die kleinste Polizeistation Londons; heute machst du dich in der Ausstellung u. a. über die Schlacht von Waterloo schlau. Von oben hast du eine tolle Aussicht, z. B. auf das um 1775 entworfene Apsley House mit der wunderbaren Adresse „London No 1" – es war das erste Haus hinter der Zollschranke. Hier lebte der Duke of Wellington von 1817 bis zu seinem Tod 1852.

LONDONS BERÜHMTESTER PARK

Durch das silberfiligrane Queen Elizabeth Gate hinter Apsley House betrittst du den **Hyde Park** ➤ S. 30: 145 ha sanft gewellter Rasenflächen mit alten Baum-

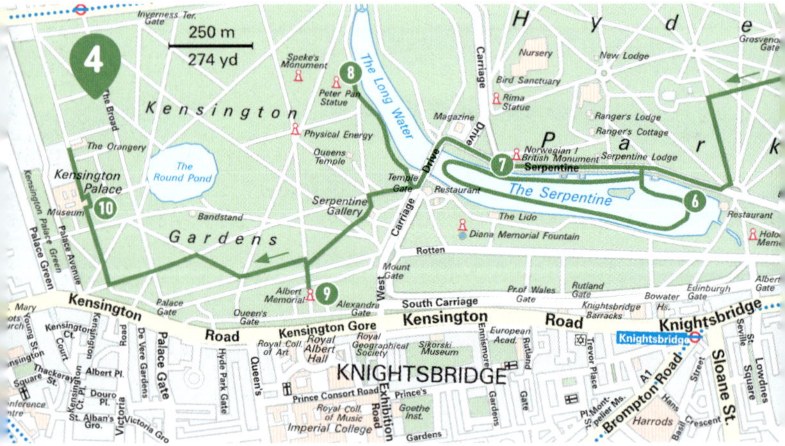

gruppen, Blumenrabatten und Skulpturen. *Folge dem Lover's Walk an der Achilles-Statue vorbei Richtung Speaker's Corner.* Mit dem **❺ 7 July Memorial** wird der Opfer der Bombenanschläge vom 7. Juli 2005 mit 52 Stelen aus Stahl gedacht. *Halte dich links und durchquere den Hyde Park*, bis du zum **❻ Serpentine-See** gelangst. Linker Hand liegt das Bootshaus von **Royal Parks' Boating** *(Bootsverleih April–Okt. tgl. ca. 10 Uhr bis Sonnenuntergang | royalparks.org.uk/parks/hyde-park).* Miete dir ein Boot und du erlebst den Park aus einer anderen Perspektive. Nach einer kleinen Tretboot- oder Ruderpartie *geht es am Wasser entlang wieder zu Fuß weiter.*

❺ 7 July Memorial

❻ Serpentine-See

PAUSE AM SEE

Kurz vor der Serpentine Bridge triffst du auf den Kiosk **❼ The Triangle** *(€)*. Gönn dir eine kurze Pause und wirf einen Blick auf das gegenüberliegende Ufer mit dem Lido und das wassergefüllte Granitoval hinter der Brücke – die Diana, Princess of Wales Memorial Fountain. Seit über 100 Jahren findet im Serpentine-See am ersten Weihnachtstag ein Wettschwimmen um den Peter-Pan-Cup statt, einst präsentiert von James Matthew Barrie (1860–1937), dem Autor der berühmten Geschichte des kleinen Jungen, der nicht erwachsen wurde.

❼ The Triangle

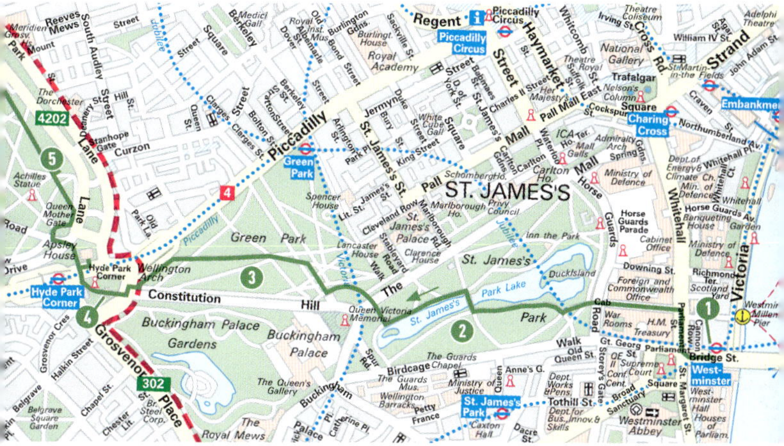

Londons Sonne lässt sich am besten in der grünen Oase des Hyde Park anbeten

8 Peter-Pan-Statue

Wenn du die Brücke überquerst, dich rechts nach Norden wendest und am Wasser entlanggehst, kommst du zur zierlichen 8 **Peter-Pan-Statue**: Peter Pan mit seiner Flöte, umgeben von Eichhörnchen und Mäusen. Barrie gab die Skulptur selbst beim Bildhauer G. Frampton in Auftrag und ließ sie 1912 aufstellen.

ZUM PALAST AUF EINEN TEE

9 Albert Memorial

10 Kensington Palace

Nun gehst du bis zur Brücke zurück und hältst dich rechts. Unmerklich geht das Grün vom Hyde Park in **Kensington Gardens** über. *Folg dem Fußweg Richtung Serpentine Gallery;* im Sommer steht hier jedes Jahr ein von Architekten entworfener temporärer Pavillon. *Wenn du rechts in den Flower Walk einbiegst,* siehst du das 9 **Albert Memorial** ➤ S. 32 zu deiner Linken. *Geh nun wieder nach rechts, in den Dial Walk* – 10 **Kensington Palace** ➤ S. 31 liegt jetzt zu deiner Linken. Nach dem langen Spaziergang und nahe der königlichen Prinzenresidenz gönnst du dir einen *Royal Afternoon Tea* mit *scones*, Sandwiches und obendrein einem Glas englischen Sekt, im

INSIDER-TIPP
Königlicher Schluck

verglasten Parkcafé Kensington Palace Pavilion *(tgl. 10–18 Uhr | Tel. 020 31 66 61 13 | kensingtonpalacepavilion.co.uk | €€–€€€)* neben dem Café The Orangery, das umfassend restauriert wird.

5 CHELSEA – WOHLHABEND, MODERN, SCHICK

- Moderne Kunst und alte Heilkräuter
- King's Road: Kein Punk mehr, stattdessen „shop till you drop"
- Illustre Ex-Bewohner und rote Fräcke

Start: Sloane Square Station

Ziel: Cadogan Hall

Strecke: 4 km

Dauer: ½ Tag, reine Gehzeit: 1 ¼ Std.

Kosten: Eintritte £ 42, Essen & Trinken ca. £ 60
Achtung: 4 **Chelsea Physic Garden** und 5 **Royal Hospital Chelsea** Sa geschl., Royal Hospital auch So, Konzert in der 8 **Cadogan Hall** vorbuchen

EINBLICK IN DIE KUNSTSZENE

Von der U-Bahn Station 1 Sloane Square Station *geht es links in die* King's Road. Ihr Name geht zurück auf König Karl II., der diese Straße für sich anlegen ließ. In den 1960er- und 70er-Jahren war sie das Epizentrum der Hippiekultur, Vivienne Westwood eröffnete in dieser Zeit ihren Punkmodeladen. In den 1980er-Jahren mutierte Chelsea zum schicken Ausgehviertel von Prinzessin Diana. Heute reihen sich Modelabels, Antiquitätenläden, kleine Cafés und Pubs aneinander. Linker Hand steht die weltberühmte 2 Saatchi Gallery ➤ S. 34, die viel Wirbel mit zeitgenössischer Kunst macht. Die kostenlosen Ausstellungen zeigen, was die internationale Kunstszene gerade bewegt. Hier kannst du gut bummeln, vorbei an Geschäften exklusiver und kleiner Labels.

1 Sloane Square Station

2 Saatchi Gallery

An der Ecke Chelsea Manor Street steht die **Old Town Hall**, die für ihre gut bestückten Antiquitäten- und Kunstmessen bekannt ist.

AUF DEN SPUREN FRÜHERER VIPS

❸ Cheyne Walk

Weiter führt dich der Weg links in die Oakley Street; sie mündet auf die elegante pastellfarbene Royal Albert Bridge. *Biege vor der Brücke links* in den berühmten **❸ Cheyne Walk** ➤ S. 34 ein, wo einst mehr oder weniger erlauchte, aber zumindest berühmte Persönlichkeiten residierten – *blue plaques* (blaue Plaketten) an den Häusern weisen daraufhin. So wohnte z. B. der Schriftsteller Henry James in Nr. 21, der Dichter und Maler Dante Gabriel Rossetti in Nr. 16, die Schriftstellerin George Eliot in Nr. 4 und in Nr. 3 Keith Richards, der Gitarrist der Rolling Stones. *Halte dich am Ende rechts, und setz den Weg links auf dem Chelsea Embankment fort.* Schon sind die Ausläufer des **❹ Chelsea Physic Garden** ➤ S. 34 in Sicht, *zum Eingang des Gartens gelangst du links über den Swan Walk*. Nun kannst du in dieser ursprünglich als Apothekengarten angelegten grünen Oase zwischen pharmazeutischen und historischen Pflanzen und unter dem größten Olivenbaum Englands wandeln. Für die erfrischende Pause sorgt das *Physic Garden Café (So–Fr 11–17 Uhr | Tel. 020 73 49 64 64 | chelseaphysicgarden.co.uk | €–€€).*

❹ Chelsea Physic Garden

ARCHITEKTURKUNST BESTAUNEN

Der Weg führt weiter auf die Royal Hospital Road. Wunder dich nicht, wenn du auf der Straße freundlich von rot befrackten Herren auf der Straße begrüßt wirst. In der Nähe befindet sich das **❺ Royal Hospital Chelsea**, ein Heim für pensionierte britische Soldaten, das 1692 nach Plänen von Christopher Wren fertiggestellt wurde. Das Gelände kannst du bei einer vorgebuchten Tour *(2 Std. inkl. Museum/Shop | £ 15 | Mo–Fr 10 und 14 Uhr | chelsea-pensioners.co.uk)* besichtigen. Der Rundgang führt durch die Great Hall mit der in die Holzvertäfelung gravierten Militärgeschichte zur Kapelle und durch das riesige Parkgelände, wo im Mai die *Chelsea Flower Show* der RHS (Royal Horticultural

❺ Royal Hospital Chelsea

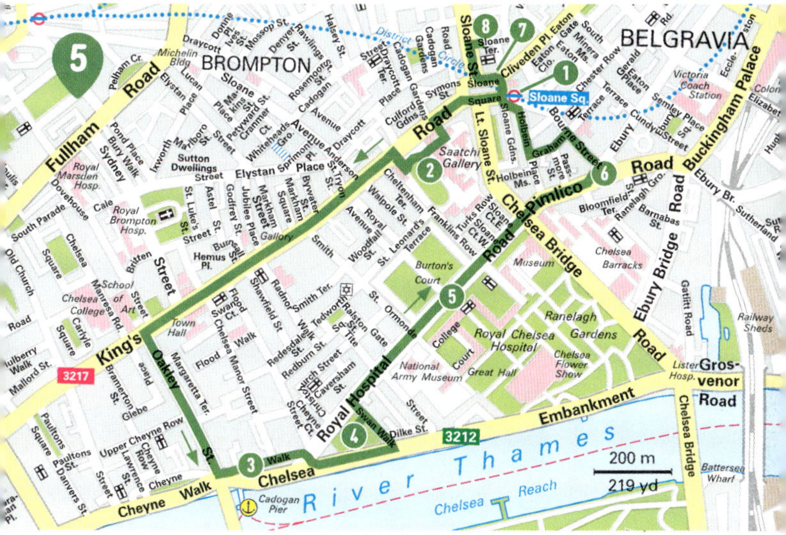

Society) stattfindet, ein großes Ereignis im britischen Gartenkalender. *Weiter führt die Route über die Pimlico Road bis zum* ❻ **Orange Square**. Hier legst du eine gemütliche Kaffeepause bei **Daylesford Organic** ein *(Di–Sa 8–20, So 10–16, Mo 8–18 Uhr | 44B Pimlico Road | daylesford.com | €)*. Vielleicht möchtest du am Samstag zum *Farmer's Market* wiederkommen und selbst gemachte Pasta, Kuchen oder Obstsaft kaufen.

INSIDER-TIPP
Frische Hausmannskost

❻ Orange Square

DEN TAG KULTURELL KRÖNEN

Den schönen Tag beschließt du mit einem Abendessen und einem Konzert. *Es geht zurück zum Sloane Square, den du überquerst.* Im ❼ **Côte** *(Do–Mo 8–22, Di/Mi 8–23 Uhr | 7–12 Sloane Square | Tel. 020 78815999 | cote.co.uk | €€)* kannst du französisch tafeln. Anschließend *umrundest du den Platz und biegst rechts in die Sloane Street ein, bis rechter Hand die Sloane Terrace abgeht.* Hier triffst du auf die ❽ **Cadogan Hall** ➤ S. 105, in der fast jeden Abend gegen 19.30 Uhr Konzerte stattfinden: vom Gitarrenkonzert über das Philharmonie-Orchester bis zum London Jazz Festival.

❼ Côte

❽ Cadogan Hall

GUT ZU WISSEN

DIE BASICS FÜR DEINEN STÄDTETRIP

ANKOMMEN

FLUGZEUG

Flüge nach London gehen aus Deutschland, Österreich und der Schweiz nach London Heathrow (westlich der Stadt, der größte Flughafen, *heathrow.com*), Stansted (nordöstl., *stanstedairport.com*), Gatwick (südl., *gatwickairport.com*) und Luton (nördl., *london-luton.co.uk*). Der zentrumsnahe London City Airport *(londoncityairport.com)* wird eher von Businessfliegern genutzt. Linienfluggesellschaften wie Lufthansa, British Airways, Eurowings fliegen Heathrow an, Billigflieger wie Easyjet und Ryanair landen in Gatwick, Stansted, Luton. Flugzeit von Deutschland, Österreich oder der Schweiz: 1–2 Std.

Für den Weg von und zum Flughafen hast du die Wahl zwischen Bus, Zug oder U-Bahn. Mach dir am besten bereits vor der Anreise Gedanken darüber, denn die Fahrtzeiten sind unterschiedlich lang und wenn du die Fahrten schon vorab zu Hause buchst, kannst du besser vergleichen und bekommst sie oft preiswerter.

INSIDER-TIPP
Schnäppchen dank Planung

Von London Heathrow kommt man mit dem Heathrow Express *(einfache*

GRÜN & FAIR REISEN

Du willst beim Reisen deine CO_2-Bilanz im Hinterkopf behalten? Dann kannst du deine Emissionen kompensieren *(atmosfair.de; myclimate.org)*, deine Route umweltgerecht planen *(routerank.com)* oder auf Natur und Kultur *(gate-tourismus.de)* achten. Mehr über ökologischen Tourismus erfährst du hier: *oete.de* (europaweit); *germanwatch.org* (weltweit).

Eine von 35 Brücken, die in Greater London die Themse überspannen: die Albert Bridge

Fahrt ab £ 25 | heathrowexpress.com) in 15 Min. bis Paddington Station oder mit der U-Bahn *(tube | tfl.gov.uk)* in 35–40 Min. bis South Kensington, die einfache Fahrt kostet ca. £ 5,50–6,50. Der London City-Airport wird von der schnellen DLR-Linie bedient *(Fahrzeit ca. 25 Min. | £ 6,30 | tfl.gov.uk)*. Tipp: Besorg dir vor der Anreise eine *Travel-* oder *Oystercard* für Fahrten mit der Tube oder der DLR (s. S. 147).

Von London Stansted kommst du mit dem Stansted-Express-Zug *(einfache Fahrt ab £ 20,70 | stanstedexpress.com)* in 50 Min. ins Zentrum. Der Zug von London Gatwick ist in 30 Min. an der Station London Victoria *(ab £ 15 | thetrainline.com)*. Von London Luton dauert die Fahrt nach St Pancras 35 Min. *(ab £ 16,50)*. National-Express-Busse *(einfach ab £ 11 | 1½–2 Std. | nationalexpress.com)* bedienen die Flughäfen Stansted, Gatwick und Luton. Die sind billiger als der Zug, brauchen für die Strecke aber länger. Ähnlich der Easybus: Fahrtzeit gut 1¼–2 Std. *(ab £ 13 | easybus.com)*.

– 1 Stunde Zeitverschiebung

Die Greenwich Mean Time ist ganzjährig eine Stunde hinter der MEZ zurück.

BAHN

Umweltschonender reist du mit dem Eurostar direkt ins Zentrum von London, z. B. auf der Strecke Köln–Brüssel–London/St Pancras *(Fahrzeit ca. 5 Std., einfache Fahrt ab 65 Euro | eurostar.com, bahn.de, raileurope.com)*.

AUTO

Bevor du dich ins Auto setzt, bedenke: In Großbritannien gilt Linksverkehr und der Großraum London ist eine

Umweltzone (Low Emission Zone, LEZ bzw. Ultra Low Emission Zone, ULEZ). Für ein Dieselfahrzeug werden vorab Gebühren fällig, in Zentral-London für alle Fahrzeuge *(congestion charge, £ 15, Mo–Fr 7–18, Sa/So 12–18 Uhr)* sowie weitere £ 12,50 täglich rund um die Uhr für die ULEZ *(Ultra Low Emission Zone).* Informier dich vor der Reise gründlich unter *tfl.gov.uk/modes/driving*.
Autofähren *(poferries.com, dfdsseaways.de)* fahren von Calais oder Dünkirchen nach Dover, von Belgien ab Zeebrügge oder von Holland ab Rotterdam nach Hull. Die Preise sind abhängig von Fahrzeuggröße, Überfahrt und Saison *(z. B. Calais–Dover 1½ Std., ab 78 Euro einfache Fahrt).* Der Autozug (Calais–Folkestone) braucht 35 Min. *(ab 125 Euro | eurotunnel.com).*
Von Dover bzw. Folkestone aus fährt man auf der M20 Richtung London und folgt den Schildern nach West End/City. Die M25 ist die Ringautobahn, die North Circular (A406) bzw. South Circular (A205) die innere Ringstraße.
Die Höchstgeschwindigkeit liegt auf Autobahnen bei 70 mph (112 km/h), außerhalb geschlossener Ortschaften gelten 60 mph (96 km/h), innerorts 30 mph (48 km/h). Einfädeln in den Kreisverkehr *(roundabout):* im Uhrzeigersinn. An den doppelten gelben oder roten Markierungen auf der Straße darf man nicht parken.
Für die Einreise benötigst du Führerschein, Kfz-Schein und die Internationale Versicherungskarte (IVK, ehemals Grüne Karte).

EINREISEBESTIMMUNGEN

Für die Einreise aus der EU und der Schweiz nach Großbritannien ist ein Reisepass notwendig, der für die Dauer des Aufenthalts gültig ist. Das gilt auch für Kinder und Jugendliche. Für Reisen von einer Dauer bis zu 6 Monaten benötigt man kein Visum.

Adapter Typ G

In Großbritannien ist ein Adapter nötig! Die Netzspannung beträgt 240 Volt/50 Hz. Steckdosen sind dreipolig *(three-pin)* und haben einen An-/Aus-Schalter.

ÜBERNACHTEN

Es gibt viele Möglichkeiten, in London unterzukommen, vom Hostel über das Designhotel bis hin zum Hausboot. Die Preise liegen über dem Landesdurchschnitt. Günstige Frühbucher- und Onlinerabatte oder Wochenendtarife *(room rates/tariffs)* schonen das Budget. Achte beim Buchen darauf, ob Frühstück und Mehrwertsteuer *(VAT* 20 Prozent) im Preis enthalten sind – bei Hotels der oberen Kategorien ist dies häufig nicht der Fall. Achte bei Onlinebuchung darauf, ob der Zimmerpreis in Pfund oder Euro angegeben ist.
Bed & Breakfast ist praktisch eine britische Erfindung. Meist musst du bar zahlen, der Preis beinhaltet VAT und Frühstück. Im Mittelklassebereich ist die Grenze zwischen Hotels und B & Bs fließend. Bei Zimmerbuchung muss meist eine Anzahlung per Kreditkarte geleistet werden. Statt des *full English*

breakfast wird immer häufiger ein *continental breakfast* mit Müsli, Joghurt, Brot und Marmelade angeboten.
Eine günstige britische Hotelkette ist *Premier Inn;* Doppelzimmer schon ab £ 70 (bei frühzeitiger Buchung) sowie preiswerte Familienzimmer. B & Bs sind auf *bed-breakfast.de (Vertretung in Deutschland: Tel. 06251 702822)* oder bei der Agentur *londonbb.com* gelistet. Für den schmalen Geldbeutel ist *budgetplaces.com* hilfreich.

ZOLL

Waren für den persönlichen Gebrauch können zollfrei eingeführt werden. Für teure Geräte sollte man einen Herkunftsnachweis mitnehmen. Details: *gov.uk/bringing-goods-into-uk-personal-use*. Bei der Rückreise gelten folgende Freimengen: 4 l Wein, 16 l Bier, 2 l Spirituosen unter, 1 l über 22 Vol.-%, 200 Zigaretten oder 100 Zigarillos oder 50 Zigarren oder 250 g Tabak, Waren und Geschenke bis zu einem Wert von 430 Euro. Info: *zoll.de*

MOBIL SEIN

FAHRRADVERLEIH/CITYBIKES

Mit dem Stadtradsystem sind Fahrten bis 30 Min. gratis. An die 800 Santander-Radstationen – erkennbar an den roten CYCLE-HIRE-Schildern – gibt es in London. Alternativ mietet man per App einen E-Scooter oder ein E-Bike (Mindestalter 18 Jahre und Führerschein erforderlich). Zum Leihen sind jeweils eine Visa- oder MasterCard nötig.

ÖFFENTLICHE VERKEHRSMITTEL

Infos: *tfl.gov.uk*. Wichtigstes Verkehrsmittel ist die U-Bahn *(tube)*. In jeder Station liegen Pläne aus. 2022 kam die Elizabeth Line hinzu, mit neu gebauten Bahnhöfen und eigenen Tunneln. Die Ost-West-Achse verkürzt die Fahrtzeit erheblich und entlastet die alte U-Bahn. Auch mit der *DLR (Docklands Light Railway*, fahrerlos, zu den Docklands und Greenwich), dem *River Bus* auf der Themse oder *London Overground* (vor allem in Ostlondon) kommt man durch die Stadt.
Einzeltickets (vom Automaten) sind teurer als die günstigen *Travel-* oder *Oyster cards*. Diese erhältst du an U-Bahn-Stationen, Bahnhöfen, Flughäfen oder bestellst sie bereits vor der Reise auf *visitbritainshop.com;* Österreich/Schweiz: *groundline.com*. Die *Travelcard* (Papier mit Magnetstreifen) gibt es für einen Tag oder 7 Tage, der Preis ist abhängig von der Anzahl der Zonen. Kinder von 5–10 J. fahren in Begleitung Erwachsener kostenlos, für 11- bis 15-Jährige gibt es Kinder-Travelcards. Auf die *Visitor Oyster Card*, eine Fahrkarte im Scheckkartenformat, oder *Oyster Card* (gibt's nur vor Ort) lädt man ein Guthaben. Du zahlst für die Fahrten, die du antrittst („pay as you go"), und bist nicht auf Zonen festgelegt. Geeignet, wenn man nicht täglich U-Bahn fährt. Der Fahrpreis wird bis zu einer maximalen Tagessumme *(day caps)* vom Guthaben abgezogen. Bleibt man länger als eine Woche, lohnt sich eine *Oyster Card*, die man mit entsprechendem Guthaben als Wochen- oder Monatsticket nutzen kann. Am Reiseende bekommst du am

Infoschalter (U-Bahn, Bahnhof etc.) bei beiden Karten das Restguthaben zurück. Alle Tickets muss man bei Fahrtantritt entwerten bzw. (kontaktlos) vor den gelben Kartenleser halten, bei der U-Bahn auch am Ende der Fahrt (Papierticket unbedingt bis zum Fahrtende aufbewahren!).

Nachts fahren U-Bahnen am Fr und Sa, fünf Linien bedienen Nachtpendler: Victoria, Jubilee, Northern, Piccadilly und ein Großteil der Central. Sonst nimmt man die Nachtbusse (N) z. B. vom/zum Trafalgar Square. Von hier fährt u. a. der N9 zum Heathrow Airport. *24-Std. London Travel Information: Tel. 0343 2 22 12 34 (*). Travel Information Centres:* Bahnhöfe u. a. Liverpool Street, Victoria, Heathrow Airport. Achtung: Am 25.12. fahren keine öffentlichen Verkehrsmittel, außer dem Heathrow und Stansted Express! Die Google-Maps-App taugt gut beim Busfahren: Fußwege zur Haltestelle, Buslinien und Abfahrtzeiten werden passgenau angezeigt. Welche U-Bahn-Station ohne Stufen *(stepfree)* ist, wo es einen Aufzug gibt und ob er intakt ist, erfährst du unter *short.travel/lon21*.

TAXI

Bei den zuverlässigen Londoner Taxis, den *black cabs* (meist schwarz, manchmal auch andersfarbig), wirst du beim Fahrpreis *(fare)* nicht übers Ohr gehauen. Wenn das Schild FOR HIRE/TAXI leuchtet, ist der Wagen frei. *Tfl.gov.uk* listet Anbieter, bei denen du ein Taxi vorbestellen kannst: *tfl.gov.uk/modes/taxis-and-minicabs/book-a-taxi*. Minicabs: *Addison Lee (Tel. 020 73 87 88 88 | addisonlee.com)*.

VOR ORT

AUSKUNFT

visitbritain.com, visitlondon.com, londononline.co.uk, londontown.com, timeout.com/london

CITY OF LONDON INFORMATION CENTRE

Di–Sa 9.30–17.30 Uhr | St Pauls Churchyard | Tel. 020 73 32 34 56 | cityoflondon.gov.uk/things-to-do | U-Bahn Central: St Pauls, Circle, District: Blackfriars | Blackfriars | ◫ N5–6

HOLBORN INFORMATION KIOSK

Mo–Fr 9–18 Uhr | 88–94 Kingsway | vor der Holborn Tube Station | U-Bahn Central, Piccadilly: Holborn | Holborn | ◫ K5

FEIERTAGE

1. Jan.	Neujahr
März/April	Karfreitag; Ostermontag
1. Mo im Mai	*Bank Holiday*
letzter Mo im Mai	*Bank Holiday*
letzter Mo im Aug.	*Bank Holiday*
25./26. Dez.	Weihnachten

Ist der 1. Jan. oder 25./26. Dez. ein Sa oder So, fällt der Feiertag auf den folgenden Wochentag

FOTOGRAFIEREN

An öffentlichen Orten ist Fotografieren erlaubt; in schützenswerten Bereichen reagieren Polizisten bisweilen empfindlich auf fotografierende Touristen.

GELD

Währung ist das Pfund Sterling (£), umgangssprachlich *quid*, unterteilt in 100 Pence (p). Der Euro-Umrechnungskurs bewegt sich zwischen 1 und 1,2. Am Automaten *(cash point)* Geld abzuheben kostet ca. 5 Euro Gebühren, am Flughafen kann die Gebühr auch höher ausfallen. Visa und Mastercard sind weit verbreitet.

LONDON PASS

Wenn du mehrere Tage in der Stadt bist und viele teure Sehenswürdigkeiten besichtigen willst, lohnt sich u. U. der London Pass, eine Chipkarte, mit der man bei über 80 Attraktionen (u. a. Tower of London, Westminster Abbey, The Shard, London Zoo) vergünstigten Eintritt zahlt und das Schlangestehen vermeidet. Infos unter: *londonpass.de*

Beim Online-Kauf und mit Kombitickets für mehrere Attraktionen sparst du außerdem oft Geld. Ganz umsonst kannst du die großen Museen besuchen; Parks, Märkte, Paraden und einige Events sind ebenfalls kostenlos. Tipps: *short.travel/lon29*

ÖFFNUNGSZEITEN

In der Regel sind Geschäfte werktags 9–17.30 Uhr geöffnet. In den großen Einkaufsstraßen oder im Shoppingcenter haben die meisten Shops bis 20 oder 21 Uhr sowie So 12–18 Uhr geöffnet. Supermärkte wie Tesco oder Sainsbury's sind im Zentrum oft bis 21 Uhr sowie sonntags offen. Am 25.12. hat alles geschlossen.

POST

Postkarten/Standardbriefe nach Europa kosten £ 1,85 und sind 3 bis 5 Werktage unterwegs. Briefmarken sind auch in Zeitschriften- und Souvenirläden erhältlich. Zentrales Postamt: *24 William IV Street | Mo, Mi–Fr 8.30–18.30, Di ab 9.15, Sa 9–17.30 Uhr | U-Bahn Bakerloo, Northern: Charing Cross | Covent Garden | K6*

STADTFÜHRUNGEN/RUNDFAHRTEN & BOOTSTOUREN

Gute Stadtführungen bietet u. a. *Original London Walks (£ 15 | Tel. 020 76 24 39 78 | walks.com).* Individuell, mit vielen Tipps und in deutscher Sprache durch die City of London, Westminster und Mayfair führt dich die in London lebende Nina Ladusch *(7–20 Pers. £ 20/Pers., 1–6 Pers. Tour-Festpreis £ 130 | meinlondon-tours.de | 4 Std.).*

Offene Doppeldeckerbusse fahren verschiedene Routen, auf denen man jederzeit zu- und aussteigen kann *(24-Std.-Tickets: online £ 27,90 | tootbus.com/en/london/home).* Wenn du über 18 Jahre alt bist, kannst du den *Bar Bus* buchen, 2 Piccolos und 90 Min. Sightseeing inklusive (£ 36).

INSIDER-TIPP: Rollende Rooftop-Bar

Mehrere Routen und Zusteigemöglichkeiten bietet *Big Bus Tours (£ 41 im Bus oder online ab £ 36,90 inkl. Flussfahrt, kostenlos: WLAN und App | bigbustours.com/london).*

Günstiger fährst du eigenständig mit den roten Bussen der Stadtflotte. Routenplan als PDF: *tfl.gov.uk*

City Experiences (s. S. 137) fährt eine schöne Sightseeingroute auf der Themse z. B. von Westminster nach Greenwich *(£ 14,25, Online-Preise unter cityexperiences.com/london/city-cruise).*

Geführte Radtouren *(tgl. 10.30 Uhr, £ 33,95, 3 Std., mit Anmeldung)* organisiert die *London Bicycle Tour Company (Lambeth Towers | 74 Kennington Road, Nähe Imperial War Museum | Tel. 020 79 28 68 38 | londonbicycle.com | U-Bahn Bakerloo: Lambeth North | Lambeth).*

WAS KOSTET WIE VIEL?

Kaffee	3,80 Euro *in der Kaffeebar*
Bier	7 Euro *für 0,5 l im Pub*
Fish & Chips	16,50 Euro *am Imbiss-Stehtisch*
Kino	16,50 Euro *für eine Karte*
ÖPNV	17 Euro *Tagesticket Bus/Bahn*
Taxi	11 Euro *für eine Meile*

TICKETVERKAUF

Am Leicester Square bekommst du bei *tkts (Südseite | Mo–Sa 10.30–18, So 12–16.30 Uhr | officiallondontheatre.com/tkts | U-Bahn Northern, Piccadilly: Leicester Square | J6)* für den gleichen, nächsten oder übernächsten Tag um bis zu 50 Prozent reduzierte Theatertickets (plus Bearbeitungsgebühr). Karten für den Nachmittag *(matinees)* und den Abend sind an unterschiedlichen Fenstern erhältlich (2 Karten/Pers.). Alternativ: direkt an der Theaterkasse versuchen. Vormittagsvorstellungen sind oft günstiger. *londonnightguide.com* hilft dir via What's App *(Tel. +44 0752 3 52 88 85)* bei Tischreservierungen und der Buchung von Theater-, Kino- oder Konzertkarten per Kreditkarte.

TRINKGELD

Das Trinkgeld *(service charge)* kommt häufig schon mit auf die Rechnung (prüfen!), üblich sind 10–15 Prozent. In Pubs wird nie Trinkgeld *(tip)* gegeben. Hotelportiers erwarten £ 1 pro Gepäckstück.

TELEFON/INTERNET

Vorwahl für Großbritannien: 0044. Vorwahl für Deutschland: 0049, Österreich: 0043, Schweiz: 0041. Innerhalb Londons wählst du jeweils nur die letzten 8 Ziffern der Nummer, vom Handy aus mit 020 vorweg.

Nach dem Brexit fallen für Direktkunden bei den großen Mobilfunkbetreibern (u. a. Telekom, Telefónica, Vodafone) vorerst keine Roaming-Kosten an. Änderungen vorbehalten.

In der City hat man fast überall WLAN-Zugang (WiFi), in vielen Cafés gehört er zum Service, in Hotels oft kostenpflichtig. WiFi gibt's auch in über 250 U-Bahn-Stationen *(WiFi-Pass £ 2/Tag oder £ 5/Woche).*

NOTFÄLLE

BOTSCHAFT DER BUNDESREPUBLIK DEUTSCHLAND (GERMAN EMBASSY)

23 Belgrave Square | london.diplo.de | Tel. 020 78 24 13 00 | U-Bahn Piccadilly: Hyde Park Corner, District: Sloane Square | Belgravia | G8

BOTSCHAFT DER REPUBLIK ÖSTERREICH (AUSTRIAN EMBASSY)
18 Belgrave Mews West | bmeia.gv.at/oeb-london | Tel. 020 73 44 32 50 | U-Bahn Piccadilly: Hyde Park Corner, District: Sloane Square | Belgravia | F–G8

SCHWEIZER BOTSCHAFT (SWISS EMBASSY)
16–18 Montagu Place | eda.admin.ch/london | Tel. 020 76 16 60 00 | U-Bahn: Baker Street | Marylebone | F5

FUNDBÜRO
Aus Versicherungsgründen sollten Verluste der Polizei gemeldet werden. U-Bahn/Bus/Blackcab-Taxis: *Transport For London Lost Property Office (Mo–Fr 8.30–16 Uhr | 63–81 Pelham Street | Tel. 0343 2 22 12 34 (*) | short.travel/lon24 | U-Bahn: South Kensington | South Kensington | D/E9)*

GESUNDHEIT
Die Europäische Krankenversicherungskarte EHIC ist für Notfälle in Großbritannien beim staatlichen Gesundheitswesen noch gültig. Schweizer brauchen eine zusätzliche Bescheinigung ihrer Krankenversicherung. Eine Reisekrankenversicherung empfiehlt sich.
24-Std.-Notaufnahme: *Accident & Emergency St Mary's (Praed Street | Tel. 020 33 12 66 66 | U-Bahn: Paddington | Paddington | D5)* oder *NHS-Walk-In Centre (1 Frith Street | Tel. 020 75 34 65 00 | Soho | J5).*
24-Std.-Apotheke: *Zafash (233 Old Brompton Road | Tel. 020 73 73 27 98 | U-Bahn District, Piccadilly: Earls Court | Earl's Court | C10).* Für rezeptfreie Medikamente: Drogeriekette *Boots.*
Not-Zahnarzt: *111 (NHS)* anrufen.

NOTRUF
Zentraler *Notruf Tel. 999*

WETTER IN LONDON

	JAN.	FEB.	MÄRZ	APRIL	MAI	JUNI	JULI	AUG.	SEPT.	OKT.	NOV.	DEZ.
Tagestemperaturen	6°	7°	10°	13°	17°	20°	22°	21°	19°	14°	10°	7°
Nachttemperaturen	2°	2°	3°	5°	8°	11°	13°	13°	11°	8°	5°	3°
Sonnenschein Stunden/Tag	2	2	4	6	7	7	7	6	5	3	2	1
Niederschlag Tage/Monat	11	9	8	8	8	8	9	9	9	9	10	9

Sonnenschein Stunden/Tag

Niederschlag Tage/Monat

SPICKZETTEL ENGLISCH

SMALLTALK

ja/nein/vielleicht	yes/no/maybe	jäs/nau/mäibi
bitte/danke	please/thank you	plihs/θänkju
Wie bitte?	Pardon?	'pahdn?
Gute(n) Morgen!/Tag!/ Abend!/Nacht!	Good morning!/ afternoon!/evening!/ night!	gud 'mohning/afta'nuhn/ ihwning/nait
Hallo!/Auf Wiedersehen!	Hello!/Goodbye!	ha'lau/gud'bai
Ich heiße …	My name is …	mai näim is …
Wie heißt du?/Wie heißen Sie?	What's your name?	wots jur näim?
Ich komme aus …	I'm from …	aim from …
Entschuldigen Sie!	Excuse me!	iks'kjuhs mi
Das gefällt mir (nicht).	I (don't) like this.	ai (daunt) laik θis
Ich möchte …	I would like to …	ai wudd 'laik ta …

ZEIGEBILDER

ESSEN & TRINKEN

Die Speisekarte, bitte.	The menu, please.	Da 'mänjuh plihs
Könnte ich bitte … haben?	May I have …, please?	mäi ai häw …, plihs?
Messer/Gabel/Löffel	knife/fork/spoon	naif/fohrk/spuhn
Salz/Pfeffer/Zucker	salt/pepper/sugar	sohlt/'päppa/'schugga
Essig/Öl	vinegar/oil	'viniga/oil
Milch/Sahne/Zitrone	milk/cream/lemon	milk/krihm/'läman
mit/ohne Eis/ Kohlensäure	with/without ice/gas	wiD/wiθ'aut ais/gäs
Vegetarier(in)/Allergie	vegetarian/allergy	wätscha'tärian/'älladschi
Ich möchte zahlen, bitte.	May I have the bill, please?	mäi ai häw θe bill plihs
Rechnung/Quittung	bill/receipt	bill/ri'ssiht
bar/ec-Karte/Kreditkarte	cash/ATM card/ credit card	käsch/äi ti äm kahrd/ krädit kahrd

NÜTZLICHES

Wo ist …?/Wo sind …?	Where is …?/ Where are …?	'wea is...?'wea ahr …?
Wie viel Uhr ist es?	What time is it?	wot 'taim is it?
heute/morgen/gestern	today/tomorrow/ yesterday	ta'däi/ta'morau/'jästadäi
Wie viel kostet …?	How much is …?	'hau matsch is …
Wo finde ich einen Internetzugang/WLAN?	Where can I find internet access/Wifi?	'wea känn ai faind 'internet 'äkzäss/waifai?
Hilfe!/Achtung!/ Vorsicht!	Help!/Attention!/Caution!	hälp/a'tänschan/'koschan
Apotheke/Drogerie	pharmacy/chemist	'farmassi/kemist
Fieber/Schmerzen	fever/pain	fihva/peyn
kaputt/funktioniert nicht	broken/doesn't work	'braukan/'dasand wörk
Panne/Werkstatt	breakdown/garage	'bräikdaun/'gärasch
Fahrplan/Fahrschein	schedule/ticket	'skädjuhl/'tikat
0/1/2/3/4/5/6/7/8/9/ 10/100/1000	zero/one/two/three/ four/five/six/seven/ eight/nine/ten/(one) hundred/(one) thousand	'sirou/wan/tuh/θri/fohr/ faiw/siks/'säwan/äit/nain/ tän/('wan) 'handrad/ ('wan) θausand

LONDON FEELING

ZUM EINSTIMMEN & AUSKLINGEN

LESESTOFF & FILMFUTTER

LONDON BURNING
In Parker Bilals Krimi (2020) ermitteln Kommissar Drake und Psychiaterin Crane an einem brisanten ethnischen Fall zu Zeiten des Brexit.

BODYGUARD
In diesem mehrteiligen Politikthriller (2021) wird Ex-Soldat David Budd der von ihm gehassten Innenministerin Julia Montague als Personenschützer zugeteilt. Hin- und hergerissen zwischen seiner durch sein Kriegstrauma zerrütteten Familie und politischen Intrigen gerät er zwischen die Fronten und in Schwierigkeiten.

EIN ENGLISCHER WINTER
Der Roman von Thomas Reverdy (2021) lässt die verliebten Protagonisten im London von 1978/79 mit Streiks und „No-Future"-Stimmung nach ihrem Platz im Leben suchen.

PADDINGTON 2
Fortsetzung der britischen Filmkomödie (2017) um den Bären Paddington, der bei Familie Brown in London lebt. Das Geburtstagsgeschenk für seine Tante wird geklaut und er versehentlich ins Gefängnis gesteckt. Familie Brown und die Gefängniskumpels helfen den wahren Dieb zu fangen.

PLAYLIST ZEITREISE

0:58

II PINK FLOYD – GOODBYE BLUE SKY (LONDON BLITZ)
In diesem Song erinnert der Erzähler an den Luftangriff der Deutschen auf London im Zweiten Weltkrieg. (1979)

▶ THE BEATLES – HER MAJESTY
Kürzestes und letztes Lied vor der Band-Auflösung, Paul McCartney spielte es 2002 zum goldenen Thronjubiläum der Queen. (1969)

▶ THE CLASH – LONDON CALLING
Die düstere Rocknummer spiegelt die Zeit hoher Arbeitslosigkeit und häufiger Streiks wider. (1979)

▶ BLUR – FOR TOMORROW
Britisches Heimatgefühl drücken Blur in diesem Song aus. (1993)

▶ ADELE – HOMETOWN GLORY
Mit der Hommage an ihre Heimatstadt London und den Stadtteil, in dem sie aufwuchs, debütierte die Sängerin 2007.

Den Soundtrack zum Urlaub gibt's auf **Spotify** unter **MARCO POLO London**

Oder Code mit Spotify-App scannen

AB INS NETZ

LONDONIST.COM
In diesem Blog findest du Veranstaltungs- und Restauranttipps, es wird über Geschichtliches und Londoner Buslinien sinniert und Kuriositäten der Stadt werden aufgedeckt.

SOUNDSURVEY.ORG.UK
Der Sound der Metropole: Töne und Geräuschkulissen wie Autolärm, ein Gospelchor auf der Straße oder das Aufziehen einer Turmuhr wurden über zwölf Jahre akribisch gesammelt. Zum Vergleich ist sogar historisches Material vorhanden.

SPOTTEDBYLOCALS.COM
Londoner teilen hier enthusiastisch die Perlen, die sie finden: Restaurants, Märkte, Shops; auch als App.

HOOP
App für smarte Eltern: Event-Tipps für Kids, z. B. kostenlose Workshops im Museum oder Sportangebote. Ebenfalls als Website: *hoop.co.uk*

XCEED
Mit der App findest du die besten Events und lässt dich auf die Gästeliste für Londons Clubs und Partys setzen.

TRAVEL PURSUIT

DAS MARCO POLO URLAUBSQUIZ

Weißt du, wie London tickt? Teste hier dein Wissen über die kleinen Geheimnisse und Eigenheiten von Stadt und Leuten. Die Lösungen findest du in der Fußzeile. Und ganz ausführlich auf den S. 20–25.

❶ Der Londoner Bürgermeister Sadiq Khan ist der Sohn eines …?
a) Eisverkäufers
b) Busfahrers
c) Premierministers

❷ 2018 heiratete Prinz Harry. Wie heißt seine Braut?
a) Madame Tussaud
b) Prinzessin Eugenie
c) Meghan Markle

❸ Im Garten von Buckingham Palace gibt es Bienenstöcke. Woher stammen die Bienen?
a) Aus dem Londoner Zoo
b) Aus Neuseeland
c) Aus eigener Züchtung

❹ In welcher Location in Camden traten die Rolling Stones auf?
a) Im Music Store
b) Im Corner Building
c) Im Roundhouse

❺ Wie viel Kuchen wird bei Gartenpartys des Königshauses verzehrt?
a) 270 000 Stücke
b) 8000 Stücke
c) 20 000 Stücke

❻ Wie lange saß Queen Elizabeth II. auf dem Thron?
a) Über 85 Jahre
b) Über 70 Jahre
c) Fast 30 Jahre

Lösungen: 1b, 2c, 3b, 4c, 5c, 6b, 7b, 8b, 9c, 10c, 11a, 12a

2018 in aller Munde: die Hochzeit von Meghan und Harry

7 Zu welchem James-Bond-Film lieferte Adele den Titelsong?

a) Der Morgen stirbt nie
b) Skyfall
c) Octopussy

8 In welchen Räumen bieten junge Designer ihre Kreationen an?

a) Im Gartenhäuschen
b) Im See- oder Baucontainer
c) Im Zelt im Park

9 Wo holen sich junge Londoner am liebsten ihr Essen?

a) Beim Metzger
b) Aus der Mensa
c) Auf der Straße (Streetfood)

10 Wann wurde der erste Fußballverein in England gegründet?

a)1897
b)1909
c)1857

11 Welche Zutaten brauchen die Briten, um sich zu Hause einen Tee zu kochen?

a) Becher, Teebeutel, heißes Wasser und Milch
b) Losen Tee, Teekanne, heißes Wasser, Milchkännchen
c) Keine, denn sie kaufen ihn fertig im Supermarkt

12 Was bedeutet der Begriff „Brunch"?

a) Eine Mahlzeit zwischen Frühstück *(breakfast)* und Mittagessen *(lunch)*
b) Eine Mahlzeit, die man bekommt, wenn man vorher singt
c) Ein Frühstück, zu dem immer Cocktails serviert werden

REGISTER

LOB ODER KRITIK? WIR FREUEN UNS AUF DEINE NACHRICHT!

Trotz gründlicher Recherche schleichen sich manchmal Fehler ein. Wir hoffen, du hast Verständnis, dass der Verlag dafür keine Haftung übernehmen kann.

MARCO POLO Redaktion • MAIRDUMONT • Postfach 31 51
73751 Ostfildern • info@marcopolo.de

Impressum
Titelbild: London Eye mit Big Ben (Huber-images: M. Rellini)
Fotos: DUMONT Bildarchiv: R. Kiedrowski (128), G. Knoll (14/15, 21, 122/123), M. Sasse (63, 109, 118/119, 144/145, 154/155); Getty Images: Maremagnum (96/97); Huber-images: J. Foulkes (56), Kremer (54/55), H. P. Merten (26/27), M. Rellini (4, 53), M. Ripani (47), G. Santoni (68/69), R. Taylor (38); laif: A. Artz (89), E. Bock (95), T. Kierok (10); Laif: G. Knoll (66/67); laif: T. Linkel (78, 82/83, 120/121), S. Multhaupt (131), M. Sasse (11), D. Schwelle (132); laif/Loop Images: O. Bargate (6/7), R. Herrett (73), R. Leaver (35), J. Woodworth (112/113); laif/robertharding: M. Lange (44); mauritius images: R. Mirau (2/3), S. Vidler (92), St. Vidler (36, 64, 76, 107), Al Wayztravelin (81); mauritius images/age (17, 140); mauritius images/Alamy (8, 9, 87), Allstar Picture Library (110/111), P.D. Amedzro (41), Clickpics (104), L. GoBe (116/117), GRANT ROONEY PREMIUM (31), J. Kase z12z (12/13), J. Kellerman (Klappe vorne außen, Klappe innen, 60/61), Ch. Lawrence (91), M. Park (156/157), V. Parker (103), G. Wrona (22); mauritius images/Alamy/RichSTOCK (74); mauritius images/John Warburton-Lee: C. Adams (51); mauritius images/Loop Images: T. Anggamulia (24); mauritius images/View Pictures (101, 115 (Architect: Rogers Stirk Harbour + Partners)); B. Weber (159)

26., aktualisierte Auflage 2023

Autorinnen: Kathleen Becker, Birgit Weber
Redaktion: Anja Lehner
Bildredaktion: Barbara Mehrl
Kartografie: © MAIRDUMONT, Ostfildern (S. 124–125, 127, 130, 134–135, 138–139, 143, Umschlag innen, Umschlag außen, Faltkarte); © MAIRDUMONT, Ostfildern, unter Verwendung von Kartendaten von OpenStreetMap, Lizenz CC-BY-SA 2.0 (S. 28–29, 33, 37, 43, 48–49, 58–59, 70–71, 84–85, 98–99)
Als touristischer Verlag stellen wir bei den Karten nur den De-facto-Stand dar. Dieser kann von der völkerrechtlichen Lage abweichen und ist völlig wertungsfrei.
Gestaltung Cover, Umschlag und Faltkartencover: bilekjaeger_Kreativagentur mit Zukunftswerkstatt, Stuttgart; Gestaltung Innenlayout: Langenstein Communication GmbH, Ludwigsburg
Spickzettel: in Zusammenarbeit mit PONS Langenscheidt GmbH, Stuttgart
Konzept Coverlines: Jutta Metzler, bessere-texte.de

Printed in Poland

MIX
Paper | Supporting responsible forestry
FSC® C018236
www.fsc.org

MARCO POLO AUTORIN
BIRGIT WEBER
Zur Teatime bei Queen Elizabeth II. war sie nie geladen, obwohl sie passionierte Teetrinkerin ist. Der erste Tee in London war kulinarisch allerdings ein Desaster: ein Becher Milch mit etwas Tee. Ansonsten mag Birgit Weber die kreative Küche der Insel. Die Metropole an der Themse ist ihr seit über 20 Jahren ans Herz gewachsen, weil es bei jedem Besuch etwas Neues zu entdecken gibt.

BLOSS NICHT!

FETTNÄPFCHEN UND REINFÄLLE VERMEIDEN

„PLEASE" VERGESSEN

Bei Bestellungen im Laden oder im Restaurant solltest du immer das Wörtchen „please" an jeden Satz hängen. Das ist höflich. Wenn es fehlt, klingt das für englische Ohren einfach unfreundlich.

ROLLTREPPE BLOCKIEREN

Londons Bewohner sind oft in Eile. Daher sollte man auf den U-Bahn-Rolltreppen immer eine Lücke frei lassen für Hastige, die zur nächsten Bahn rennen. „Rechts stehen, links gehen" lautet das Motto.

AUTO FAHREN

Mit dem Auto nach London zu kommen, ist keine gute Idee: ein verwirrendes Straßennetz, dichter Verkehr, horrende Parkhausgebühren (bis zu 55 Euro pro Tag). Hinzu kommen Radarfallen, kurze Geduldsfäden der Londoner Autofahrer und hohe Mautgebühren, die für Dieselautos noch mal extra teuer sind.

IN DER U-BAHN EIN BIERCHEN TRINKEN

Seit 2008 ist der Konsum von Alkohol in Bussen, in der U-Bahn *(tube)* und auf Bahnhöfen verboten. Und die Einhaltung dieses Verbots, das selbstverständlich auch für Touristen gilt, wird streng kontrolliert.

IN IRGENDEIN MINICAB SPRINGEN

Need a cab? Abends ist kein Taxi zu sehen, aber ein Minicab will dich mitnehmen? Nicht ganz risikofrei: Im Gegensatz zu den *black cabs* müssen diese Fahrer keinen *Knowledge*-Test ablegen und können oft kaum Englisch. Auch Übergriffe auf Fahrgäste sind vorgekommen.